文化创意产品设计研究

刘晓彬 ◎ 著

吉林出版集团股份有限公司
全国百佳图书出版单位

图书在版编目（CIP）数据

文化创意产品设计研究 / 刘晓彬著 . -- 长春 : 吉林出版集团股份有限公司 , 2024.3
ISBN 978-7-5731-4809-4

Ⅰ.①文… Ⅱ.①刘… Ⅲ.①文化产品 – 产品设计 – 研究 Ⅳ.① G114

中国国家版本馆 CIP 数据核字 (2024) 第 079769 号

文化创意产品设计研究
WENHUA CHUANGYI CHANPIN SHEJI YANJIU

著　　者	刘晓彬
责任编辑	王贝尔
封面设计	李　伟
开　　本	710mm×1000mm　　1/16
字　　数	200 千
印　　张	12
版　　次	2024 年 6 月第 1 版
印　　次	2024 年 6 月第 1 次印刷
印　　刷	天津和萱印刷有限公司

出　　版	吉林出版集团股份有限公司
发　　行	吉林出版集团股份有限公司
地　　址	吉林省长春市福祉大路 5788 号
邮　　编	130000
电　　话	0431-81629968
邮　　箱	11915286@qq.com
书　　号	ISBN 978-7-5731-4809-4
定　　价	72.00 元

版权所有　翻印必究

作者简介

刘晓彬，河北省定州市人，毕业于北京服装学院，硕士研究生学历，设计艺术学专业（硕士学历专业）。现为常州大学副教授，研究方向为产品设计、传统文化创造性转化及创新性应用。主持并完成江苏省高校哲学社会课题项目一项、常州市社会科学课题一项，发表论文十余篇。

前　言

近年来，随着人们物质生活的富足，对文化层面的需求呈现出多元化趋势，而且要求越来越高。文创产品作为一种典型的文化衍生品，逐渐进入人们的视野，并以极快的速度渗透到人们生活的方方面面。为了促进文创产品设计等方面工作的开展，我们有必要对文创产品进行深入研究，最大化地激发其发展潜力，以更加独特的外在与内涵产生出高附加值产品，吸引人们的视线，丰富人们的生活。

从市场实际分析，部分文创品牌没有通常品牌的设限，更多的是服务于设计师的创意和生活的周边，其类型主要包含服装、餐具、文具、玩具、家具装饰等方面。虽然，这些产品在图案、材料、工艺等方面大多做到了文化和创意的结合，但是这并不能代表文创产品已经发展到顶端、完全无须创新。相反，我们要超越当下的审美观，抑或从传统文化中挖掘新内涵，以新奇的艺术审美和丰富的内涵，给消费者带来更加理想的情感体验，进而赢得更大的市场和更加广阔的发展前景。

文创产品是从文化创意产业衍生出来的，主要包含创意内容、载体两部分，是经过设计师的思考、创意，以及制作产生的产品。具体来看，文创产品设计师需要从文化、民族、宗教和地域等视角进行探寻，挖掘典型的文化元素和特色，并将其融入产品设计及加工过程中，实现创意、文化、内涵的多重表达。与普通文化产品不同的是，文创产品更具设计感和创意感，对文化性方面的内容进行了突出强调，能够满足消费者的使用需求和精神需求，尤其是其中所蕴含的文化特质，更让消费者获得了一定的精神慰藉和寄托，满足了消费者的审美需求，激发了消费者的内心情怀，这恰恰是文创产品自身的作用和意义所在。

本书内容为文化创意产品设计研究，第一章为文化创意产品概述，从四个方面展开叙述，分别是文化创意产品的内涵与背景由来、文化创意产品的基本特征、文化创意产品的核心、文化创意产品的分类；第二章为文化创意产品设计概述，从三个方面展开叙述，分别是文化创意产品的设计原则、文化创意产品的设计方法，以及文化创意产品的设计流程；第三章为文化创意产品设计中的文化与创意分析，从两个方面展开叙述，分别是文化创意产品设计中的文化与文化创意产品设计中的创意；第四章为不同类型的文化创意产品设计，从五个方面展开叙述，分别是校园文化创意产品设计、旅游文化创意产品设计、动漫文化创意产品设计、红色文化创意产品设计，以及传统文化创意产品设计；第五章为传统文化与文化创意产品设计，从五个方面展开叙述，分别是文化创意产品设计中的传统文化元素、传统文化创意产品设计的观念、传统文化创意产品设计现状及问题分析、传统文化创意产品的设计方法途径、传统文化创意产品设计的实际案例；第六章为文化创意产品设计的发展趋势，从两个方面展开叙述，分别是新元素、新技术的应用和文化创意产品设计的产业化发展策略。

在撰写本书的过程中，作者得到了许多专家学者的帮助和指导，参考了大量的学术文献，在此表示真诚的感谢！但限于作者水平有不足，加之时间仓促，本书难免存在一些疏漏，在此，恳请同行专家和读者朋友批评指正！

刘晓彬

2023 年 3 月

目 录

第一章 文化创意产品概述 ·· 1
   第一节 文化创意产品的内涵与背景由来 ··· 3
   第二节 文化创意产品的基本特征 ·· 7
   第三节 文化创意产品的核心 ·· 10
   第四节 文化创意产品的分类 ·· 13

第二章 文化创意产品设计概述 ·· 19
   第一节 文化创意产品的设计原则 ·· 21
   第二节 文化创意产品的设计方法 ·· 27
   第三节 文化创意产品的设计流程 ·· 33

第三章 文化创意产品设计中的文化与创意分析 ································ 67
   第一节 文化创意产品设计中的文化 ··· 69
   第二节 文化创意产品设计中的创意 ··· 77

第四章 不同类型的文化创意产品设计 ·· 93
   第一节 校园文化创意产品设计 ··· 95
   第二节 旅游文化创意产品设计 ·· 103
   第三节 动漫文化创意产品设计 ·· 112
   第四节 红色文化创意产品设计 ·· 126
   第五节 传统文化创意产品设计 ·· 129

第五章　传统文化与文化创意产品设计 ……………………………… 135
第一节　文化创意产品设计中的传统文化元素 ………………… 137
第二节　传统文化创意产品设计的观念 ………………………… 147
第三节　传统文化创意产品设计现状及问题分析 ……………… 149
第四节　传统文化创意产品的设计方法途径 …………………… 152
第五节　传统文化创意产品设计的实际案例 …………………… 160

第六章　文化创意产品设计的发展趋势 …………………………… 163
第一节　新元素、新技术的应用 ………………………………… 165
第二节　文化创意产品设计的产业化发展策略 ………………… 174

参考文献 ……………………………………………………………… 181

第一章 文化创意产品概述

本章讲述文化创意产品概述,从四个方面展开叙述,分别是文化创意产品的内涵与背景由来、文化创意产品的基本特征、文化创意产品的核心、文化创意产品的分类。

第一节　文化创意产品的内涵与背景由来

创意产业作为新兴产业门类蓬勃发展，基于创意产业下的文化创意产品，也成为促进经济发展的重要动力。文化创意产品将会融入人们的生活，并使人们感受到新奇的创意设计与丰富的文化内涵。

一、文化创意产品的内涵

文化创意产品是指以创意理念为核心，依靠设计者的智慧、能力，凭借充满创意的方式进行文化资源的创造和提升，并将文化与产品巧妙地结合在一起，最终转化成具有商品价值和高文化附加值的产品。从文化创意产品的定义可以发现，围绕文化创意产品的核心要素是文化和创意。创意是产品所呈现在人们面前的表象特征，通过极富个性、新颖的产品造型和使用功能等吸引人们的注意；而文化则是产品传递给人们精神层面的信息，满足人们对于精神文化的需求，提升人们的品质和文化修养。

创意是一种创新思维的能力，是一种创造产品的能力，巧妙的构思与独特的想法使产品更具原创性，造型更加新颖，同时，满足人们对于功能的需求。设计者运用创意的思维和生产方式就可以生产出造型美观、功能完善、满足人们个性需求的产品。创意的设计使产品更具魅力，它可以提升产品的价值，使其摆脱同类产品在市场上的价格竞争，通过创意的设计和出众的工艺品质吸引目标消费群体，并占据产品定价的主动性，为产品的品牌经营与推广打下坚实的基础。

文化是一个民族的精神体现和时代特征，它是经过长时间的历史沉淀而形成的。文化是一个复杂的总体，包括知识、信仰、艺术、道德、法律、风俗以及人类在社会里所获得一切的能力与习惯。不同的民族受地理环境、社会制度、宗教思想等因素的影响，最终形成具有本民族特色的文化。越是历史悠久的民族，其文化的内涵就越深厚、所呈现出的文化精神就越强烈，其民族性就越加突出、越加明显。文化是历史留给我们最宝贵的财富，我们应该将这些优秀的文化资源加以利用，借鉴国外已有的成功经验，设计出具有中国特色的文化创意产品，才能把我们的产品推向世界，同时，将优秀的中国文化展示在世人面前，为弘扬传统文化、传承文化经典、促进经济文化交流作出贡献。

创意与文化是文化创意产品设计中最为重要的两个要素，二者有着紧密的联系、缺一不可，它们是相辅相成的。创意的设计赋予产品崭新的面貌，让产品个性十足、前卫时尚；而文化则赋予产品以灵魂，让产品充满文化底蕴，显示出浓厚的人文气息。传统的文化也需要借助创意的方式和现代的语言来表达文化的精髓与博大，只有将创意与文化完美地结合在一起，才能设计出真正符合市场需求的文化创意产品。

二、各国文化创意产品产生的背景

想要理解文化创意产品，要对其产生的背景——文化创意产业有所了解。所谓文化创意产业，是指以创作、创造、创新为根本手段，以文化和创意为核心概念，突出"生产性服务业"的性质，强调依靠创新人才应用文化创意，提高产品附加值的行业集群。通俗地讲，文化创意产业就是将源自文化的灵感、点子、才艺等应用于创意方法，结合现代科技，设计生产出新的产品来满足消费者的需求，所形成的产业集群。文化创意产业在当下得以迅猛发展的原因主要在于以下两点：

第一，随着欧美发达国家工业化的完成，社会物质生产极大地满足了消费者的需求，人们的需求逐渐由物质、理性、生理层面向精神、感性、心理层面转换。诚如人本主义哲学家马斯洛所言，人的需求分为生理需求、安全健康需求、情感需求，以及自我实现的需求等。而文化创意产业，也正是在这样的背景下通过为消费者创造文化创意产品，来提供这种感性需求的满足和体验。文化创意产品正是对消费者感性需求以及精神层面需求的一种满足，是产品创意的高级阶段。

第二，19世纪60年代的反主流文化冲击带来大规模的社会运动，各式各样的亚文化、流行文化、社会思潮等风起云涌，给传统工业社会的审美、情趣、文化认知等带来了强大的冲击，社会开始重视差异与个性的解放，并鼓励发挥个人创造力。在这样的时代背景下，欧美文化创意产业迅速崛起，以适应多元文化时代的到来。每个民族、每个国家都有自己独特的文化历史，别具民族特色的文化创意产品才能引导产业集群创新，提升产业素质和市场竞争能力。大力促进本土文化创意产业的发展，才能免受其他文化创意产业浪潮的冲击。

在此背景之下，世界各国根据自身独特的自然物产、历史文化传统、社会文化价值等，为文化创意产业赋予了不同的内涵，从而呈现出不同的文化价值特征。

（一）英国

在英国，文化创意产业被表征为"创意产业"，突出"创意"这一核心概念，使其"保守绅士"的国家形象成功向"创意先锋"转型。

英国对创意产业的定义隐含着下面四层意思：第一，创意产业的主体是人而不是原材料或者机器，人的心智、技术、灵感是创意产业的主要资产；第二，创意产业的经济价值来自富有想象力的个人；第三，创意产业的成品并不是完全可触的实物，它也包括吸引我们使我们感动和娱乐的特定服务；第四，创意产业把知识产权与创新相结合，并通过创意产品与创意服务相结合、标新与立异相结合，使英国的文化创意产业在国际上具有标杆作用。

（二）美国

与英国沿用的"创意产业"相比，美国则采用"版权产业"。早在1990年，美国国际知识产权联盟（International Intellectual Property Alliance 简称IIPA）已利用"版权产业"的概念来衡量这一特定产业对美国整体经济的贡献。IIPA将版权产业分为四个部分，即核心、部分、发行、版权关系。2004年，美国采用由世界知识产业组织（WIPO）界定的四种版权产业分类，即核心版权产业、交叉产业、部分版权产业、边缘支撑产业，美国的这种定义主要是对文化创意产业中的创意成果进行保护，并使其能够获得相应的经济价值。

（三）北欧

丹麦、芬兰、冰岛、瑞典和挪威，通常被人们称为北欧五国。在长期的发展过程中，这五个国家的文化创意产品逐渐形成比较统一的、独具魅力的风格。它们以贴近自然、传统手工艺、功能美学等文化特征成就着北欧的设计，并将其运用在与"家"相关的主题设计中，北欧传统文化特征被体现得淋漓尽致。简洁、朴实的材料所营造的温暖氛围，其实是对一种极端气候的自然反应和对自然的热爱。北欧五国地处偏远，交通不便，信息闭塞，长期以来形成自给自足的经济模式，使高超的手工艺和以强调功能为主的设计理念得以完整保留。设计师们将这种简洁、朴实的风格和独特的材料文化渗透到人们生活的方方面面，形成了一种大众都能接受的具有实用价值的"简约主义"风格。进入信息时代后，更多的新材料与新技术也驱使设计师们尝试将传统与现代进行衔接、追求更具个性特征的北欧设计。

（四）意大利

意大利的文化创意产业强调的是为生产型企业服务，特别是为传统的手工业服务，从而创造出杰出的设计作品，如家具、灯具、服装、厨房用品和餐具等。意大利的设计之所以有如此强大的影响力，一方面是由于设计师们为意大利本土以及国际市场提供了高品质、令人满意的生活用品，另一方面是由于这些产品并不仅是为日常生活设计的，除了功能和形式，它们总是包含了比功能还要多的意义。意大利悠久的历史文化使这个民族形成了对美和造型的敏锐察觉，同时，意大利的气候和自然风光激发了意大利人的创造力，他们那些漫不经心的发明，都深深地根植于他们的传统之中。

（五）日本

无论20世纪的日本文化受西方文化影响有多么深刻，许多传统的日本美学概念依然传承到了现在，且提供了一个与过去联结的纽带和一种强烈的文化沿袭感，这就使日本虽然在工业化的道路上接受甚至超过了西方，但精神世界却保持着相对的独立性。因此，日本的文化创意产业有着自身的特点，分为内容产业、休闲产业和时尚产业三类。动漫产业在日本文化创意产业中发展得最为突出，这种发展模式也体现出了日本特有的民族文化，在以内容为主的动漫产业的带动之下，动漫周边的产业也得到长足的发展，从而将日本文化创意从荧屏带到了消费者的身边并形成了产业链。

（六）韩国

韩国于1998年提出"设计韩国"后，经过多年的实施，韩国的制造业有了长足的发展，出现了许多全球知名品牌制造企业，使韩国从一个工业制造国家向创新设计国家转型。韩国在发展文化创意产业方面的成功经验特别值得我们去学习，因为我国目前也面临着从"制造大国"向"创造大国"转型的局面。

（七）中国

我国的文化创意产业方兴未艾，丰富的文化资源为文化创意的充分发展提供了条件，文化创意产业发展潜力巨大。

第二节　文化创意产品的基本特征

文化创意产品的"体验价值"要求其不仅需要满足消费者物质层面的需求，更重要的是满足消费者心理和精神层面的需求。文化创意产品在具备普通商品一般特征的同时，还应该具有区别于一般商品的特征，如文化性、艺术性、地域性、民族性、纪念性、实用性、经济性、时代性等。

一、文化性

创意产业具有很强的人文性。创意产业是通过创造性思维激活文化、激活情感、激活概念所产生的创新性理念，可为产品注入新思想、新文化、新情感、新概念、新时尚，在很大程度上提高产品的文化附加值，使其带来可观的经济效益。

文化创意产品中的文化性是通过文化创意产品显现民族传统、时代特色、社会风尚、企业或团体理念等精神信息来表现的。文化性是文化创意产品的核心内容，消费者对于文化创意产品的消费，从某种意义上来说不仅仅是为了实用性，更多的是为了买一种生活方式，是一种由文化带来的情感溢价。在体验经济时代，文化创意产品背后承载的应该是一种独特的文化和故事，凝结着独特的精神价值和社会内涵，需要体现文化渊源和消费者独特的价值追求。文化创意产品注重文化的创新，文化的创新并不意味着一定要和传统的文化相结合，也可以是多元文化的创造性组合。同时，文化创意产品对文化的传承与创新，应当尊重文化本身的"精神内核"，切勿捏造和篡改文化。

二、艺术性

艺术性是指在结合设计条件、材料、环境进行设计活动时，设计者应对设计的审美规律有所参照，设计作品应对设计审美要素有所展现。文化创意产品应具有艺术价值，凝结着受众群体的审美特征，具有艺术欣赏的特性。艺术欣赏应包括文化创意产品外在形态和内在精神的欣赏，内外结合的美才能给受众群体带来愉悦的感受，同时，唤起人们的生活情趣和价值体验，使文化创意产品与人沟通、与生活沟通。

因此，设计者在进行文化创意产品设计的时候，应当充分熟悉材质、工艺和形式所能表现出来的特性，同时，结合文化习俗、风土人情、神话传说、生活方式等，设计出外在形态符合当代的审美需求，内在故事能使消费者有所回味的产品，从不同角度体现出产品独特的艺术审美价值。

三、地域性

地域文化是以地域为基础，以历史为主线，以景物为载体，以现实为表象，在社会进程中发挥作用的人文精神活动的总称。地域文化反映着这一地区社会、民族的经济、政治、宗教等文化形态，蕴含着民族的哲学、艺术、宗教、风俗以及整个价值体系的起源。所谓地域性设计，是依据地域特点而进行的设计，主要包括基于地域环境的适应性设计和基于文化资源的传承性设计两个方面，其实质都是一种生态性设计。

不同的地域必然有不同的文化空间，所呈现的文化环境也不同。如，在中国，长江流域的文化与黄河流域的文化不同，但是它们同属于华夏文明。荆楚文化与赣皖文化不同，但是它们同属于长江流域的文化，而荆楚文化又可以细分为屈原文化、三国文化等。地域性设计的基本设计方法是提取传统文化中符号模式及功能模式应用于现代设计之中，以满足本地域文化共同体的审美心理认同，同时形成其他地区人们文化审美心理的差异感。

文化创意产品的设计应概括出文化的共性和个性，突出文化的个性，反映特定地域的自然风貌和风土人情。当今文化创意产品对文化的阐释多流于表面，不能够深入地挖掘文化内涵，这也是文化同质化现象严重的原因之一。

四、纪念性

纪念性是文化创意产品对情感和记忆的承载。纪念是人们在现实生活中的一种感知方式，并以这样的方式不断丰富个人和集体的文化意向，进一步形成丰富多样的人类文明。纪念性要求文化创意产品除了给人们带来审美愉悦之外，更重要的是帮助人们回顾历史，以便更了解自身以及周边的世界。纪念性强调人们与被纪念事物之间的关联性，而文化创意产品是将纪念性的意义投射到产品上，以唤醒人们的某种记忆。

在进行纪念性文化创意产品设计的时候，可采用象征的手法。象征是以形象代表概念，运用象征的手法可以阐明与形象相关联的意义。最典型的象征手法有数目象征（如生日、革命纪念日等）、视觉象征（如品牌形象、纹饰等）、场所体验（如诗词意境、建筑等）。例如，在旅游纪念品文化创意产品设计中，有设计师将长城的瞭望台造型和 U 盘的外形进行关联，巧妙运用瞭望孔的弧线结构塑造 U 盘外侧的拼接口，形成一套可组合 U 盘。同时，每个 U 盘既可单独使用，也可被拼为完整的瞭望台造型，产品的包装盒既是外包装，也是基座，四周有与 U 盘配套的插孔，方便使用，不易丢失，具有较强的实用性与纪念价值。

五、实用性

在设计发展水平相对较高的国家，实用性设计似乎不那么重要，人们更在意审美和艺术的趣味性。而在中国，我们可以明显感知到的是，传统手工艺者似乎更受资本市场和政府的青睐，这在很大程度上是因其可直接生产具有实用价值的产品。文化创意产品的实用性虽然不是必要选项，但应是设计者的重点考量维度。

六、经济性

经济性是指文化创意产品以最低的能耗实现最佳的设计效果，文化创意产品的设计应该具有较高的性价比，针对消费者群体特征而设定合适的价格。在旅游景点或文博单位，我们常常看到文物复制品或手工艺产品缺乏创新性却价格虚高，让不少消费者"望物兴叹"。文化创意产品的优势在于通过创意设计，赋予产品文化内涵，提升产品的体验价值，从而使产品具有较高的附加值，让消费者觉得"价格合理，贵有贵的道理"。

设计师应该考虑到群体的消费层次不同，设计不同层次的产品，高中低档均有涉猎，让消费者有更多的选择空间。同时，相关部门应该加强监管和引导，从而提升消费者对产品的好感度、复购率等。

七、时代性

艺术是人类生活中的重要组成部分。它可以培养人的认知能力、创造能力以及审美能力。文化创意产品设计应当在兼具文化性的同时，体现当代人的审美需求，与当代人沟通，从而使文化不与时代脱节。时代性的对立面则是因循守旧，我国的部分手工艺品或者民俗非物质文化遗产传承难以维系，很大一部分原因是不能够适应时代潮流，与当下生活方式结合不够紧密。

随着中国传统文化全面复兴，我国出现了一大批"古老"而又年轻的电视专栏节目，如《国家宝藏》《如果国宝会说话》等弘扬中国传统文化的节目广受好评。这些节目成功的很大一部分原因就是注重与年轻人的沟通和互动。中国的文化创意品牌要"走出去"，必须尊重中国的本土文化，同时要符合国际审美。

第三节 文化创意产品的核心

同样是以故宫文化中的元素设计的产品，十多年前为何没能吸引消费者的注意力，如今却深受年轻人的喜爱，真正成为传达故宫文化的有效载体？为什么现在不单单是年轻人，几乎男女老少都喜欢故宫博物院的文化创意产品？

这是因为创意。故宫文化创意真正地把创意融进了文化创意产品之中，而不仅仅是复制。故宫博物院有约180万件（套）文物藏品，包含着大量的历史信息，是工匠精神的体现，也是故宫文化创意产品的创意来源。故宫的文化元素触手可及，但是如果没有好的创意，或者说对故宫文化进行的重构和再造没能以一个好的想法、好的形式呈现，设计便失去了新意和吸引力。

创意究竟是什么？创意是对传统的叛逆，是打破常规的哲学，是破旧立新，是思维碰撞后得出的创造性的想法，是不同于寻常的解决方法。我们常会说，怎么都想不出一个创意。创意的方法是否有章可循？虽然创意不能按照特定流程得出，但是可以从产品本身的属性方面着手，如产品的手感、颜色、使用方式等。常常拿在手上的物品很讲究手感，如与饮食相关的器皿等。另外，中国的传统色彩光听名字就可以感受其内在的风雅，古人的创意令人赞叹。下面我们选几种颜色来分析一下：

竹月，这个颜色的名称带给人们的是清冷的感受。人们在读到"竹月"这两个字时，应该会在脑海中出现一幅画面——月色照竹林。对于很多人来说，这就是一种色彩，但是当它运用在不同产品上时，会给人带来新的感受，毕竟满月的光和残月的光，洒在屋顶的瓦上和洒在竹林之中的月光所营造的意境还是有区别的。

天青色，想看到天青色唯有先等待下雨，所以，有句歌词是"天青色等烟雨"。中国传统色彩往往都是先创造了有着新色彩的物品，才有了对此色彩的命名和后续使用。天青色最早出现是后周周世宗柴荣想要一种"雨过天青云破处，这般颜色做将来"[①]的颜色。他要的不是一种已经存在的色彩，而是要大雨过后，在云彩裂开的缝隙里出现的那个色彩。这个要求是很苛刻的，但是也证明了古人在造色方面的创意。后来这种色彩被运用在瓷器上，如宋代汝窑做出了一种天青釉，其颜色清澈通透，似玉非玉。

除此之外，层出不穷的新技术和传统文化经过碰撞后非常容易产生好的创意。再来看一下故宫文化创意产品，你可以发现其中很多好的产品也都是日常用品。作为文化创意产品终究还是需要多研究人们的生活，研究人们的生活习惯，研究人们在生活中需要什么样的产品，研究文化创意产品如何能被大众消费者接受。文化与功能的巧妙结合是最佳的创意方案之一，可以潜移默化地将传统文化融入人们的日常生活。

创意作为实现文化价值和产品价值的主导力量，其最大的意义在于对文化的转化。它将文化以有趣且消费者能够欣然接受的方式传达出来，使传统文化得到传承。不可否认的是，好的创意可以让文化得以传承，并让传承的效率最大化，而不好的创意对于传统文化的准确传达则值得商榷。

故宫博物院所藏北宋画家王希孟绘制的《千里江山图》，画面峰峦起伏、烟波浩渺、气象万千、壮丽恢宏，山河之美一览无余。这幅画是众多文化创意产品应用的文化元素，但是设计师的创意方式却各不相同，文化创意产品的水平也有高下之分。如应用刀模切割和四色热转印工艺，以天然橡胶和聚酯纤维防水面料为原材料制成桌垫，或制成屏风摆件。

---

① 谢肇淛. 五杂俎 [M]. 北京：中华书局，1959.

有的设计师将《千里江山图》画卷的局部小景移入手表表盘，抬手间，目光所及之处便是壮美河山，借由指针的游走告诉人们随着时间流逝，这幅画卷定格为永恒。比起桌垫贴图式的运用，手表的创意算得上是略胜一筹。还有的设计师将《千里江山图》与苏绣相结合，运用在团扇扇面上。产品的出彩之处不在于图案的选取，而在于纯手工的刺绣工艺。刺绣让每把团扇的扇面都成为独一无二的存在，当它们到达每个消费者的手中时，就有了"千人千面"的效果。当这样的团扇作为汉服饰品被消费者使用后，这幅定格的《千里江山图》仿佛活了起来，又融入当下的壮美河山中。

按照创意对于文化的转化和传达的水平，可以将文化创意产品分为三个层次：

第一个层次，创意含量几乎为零的贴图法。这种方法通常是将原有的文化元素直接以图案、图形的形式附加在产品上。例如，刻有各种图案的木质书签，其设计方式通常是简单地以书签式样的木片作为载体，使用机器雕刻出有着特定含义的中国传统图形，如梅、兰、竹、菊、花窗、人物脸谱等。图案和木雕工艺的组合并没有产生 1+1>2 的效果，类似的图案运用在铜材质上也并无不可。

第二个层次，符号能指的转化和延展，或将特色文化内涵外化。了解这一内容之前，我们先要了解"能指"与"所指"这两个概念。符号是能指和所指的结合，能指就是表示者，所指就是被表示者。以巧克力为例，巧克力的形象是能指，爱情是其所指，两者结合就构成了表达爱情的巧克力符号。

在中国传统文化中，梅、兰、竹、菊等植物能代表一定的精神品质，古人所说的"宁可食无肉，不可居无竹"，不是说竹子这种植物本身有多美，人们所喜爱的是竹子的内涵，想要表达的是对竹子精神的喜爱，即自强不息、顶天立地的精神。所以当一些文化创意载体与特定文化符号巧妙地结合之后，其层次便比贴图法的文化创意产品的立意高出许多。

在众多文化创意商店中，我们经常能看见基于以上两种层次所创作的杯子，即在各种造型的杯身上绘制各种原汁原味的传统图案和图形。

第三个层次，可用一句话概括为"只可意会，不可言传"。此类文化创意产品在于对意境的表达，将传统文化的意蕴、思想、观念等以无形的方式融入产品载体之中。在众多的文化创意中，有一类文化创意被称作"禅意文化创意"，与其相关联的产品主要是抄经、茶道、香道、茶器、禅趣等。如洛可可风格的高山流水香台，以烟代水，一石知山，烟气腾挪，方寸之间容纳天地气象。

文化创意产品是创意作用的对象，创意也是文化创意产品的核心，文化以某一种创意方式或形式加载于产品之中，与产品融合为一体，成为特定文化内容主题的文化创意产品。当然，我们也要考虑市场因素、消费心理、需求趋势等方面的问题，只有这样才能保证特定文化创意产品能够满足细分市场的需求，实现经济效益最大化。

第四节　文化创意产品的分类

一、基于产品的设计对象分类

（一）旅游纪念品

旅游纪念品目前并没有清晰的概念，海内外有学者将其分为广义与狭义——广义上，文化旅游产品是指对能够满足人们的文化感受和精神消费的娱乐休闲、自然风光、风景名胜等旅游资源而打造的一系列旅游活动产品；狭义的文化旅游产品，即本书所讨论的产品，是指游客在旅游过程中购买的精巧便携、富有地域特色和民族特色的礼品。有人比喻旅游纪念品是一个城市的名片，这张名片典雅华丽，有极高的收藏与鉴赏价值。常见的旅游纪念品主要是指针对博物馆和观光景点所设计的文创产品。

作为中国博物馆文创产品开发的"标杆"机构，北京故宫博物院的文创产品的数量大大增加。故宫博物院前院长单霁翔也表示，未来故宫的文创产品将从"数量增长"走向"质量提升"。可以说，博物馆正悄悄走进并开始影响着我们的生活。

（二）娱乐艺术衍生品

艺术衍生品，是基于艺术品的艺术价值、审美价值、经济价值、精神价值而派生出的一系列商品，它来源于艺术品本身，却改变了艺术品自主性、个体性、不可复制性等属性，成为具有审美价值的可批量生产的一般性商品。而本书所说的娱乐艺术衍生品，主要是基于影视娱乐、艺术家作品、动漫 IP（版权）等衍生出来的文创产品。

2015 年，动画电影《西游记之大圣归来》推出的衍生品首日销售收入突破了千万元人民币，创造了国内影视衍生品的日销售额新纪录，2015 年也因此被看成中国影视衍生品产业化的元年。2016 年，影视产业衍生品市场迎来了井喷式增长，互联网影业的进入正在开创着衍生品市场的新局面。由此开始，衍生品的销售渠道被不断拓宽、销售种类也获得了前所未有的增长。

在腾讯 UP20I8 大会上，腾讯提出了"新文创"的概念，"新文创"是"泛娱乐"的升级，更强调 IP 的文化价值，以及文化价值与产业价值的良性互动。在这样的生态里，影视是文化表达最有利的途径，基于传统文化或者说中国文化符号的 IP 演绎显得尤其重要，同时，这也给影视娱乐衍生产品设计带来了新的发展机遇。

（三）生活美学产品

生活美学指的是"美即生活"，强调的是对于美学回归现实的转向，通过日常经验和审美过程结合，从感性出发来理解和分析其美的感受。它是对于"日常生活审美化"与"审美日常生活化"最佳的理论诠释，也是现代美学的最终走向，即走向生活。生活美学产品主要通过对生活的观察，把自己对生活方式的理解渗透到日常产品的细节当中，创造出美的甚至是引领生活方式的产品。

"80 后""90 后"等新生代群体，在互联网和全球化的影响下，形成其中一部分，反消费主义的群体，开始追逐 DIY、环保主义消费、极简生活方式等消费观，在一定程度上孕育了生活美学。这种新型的消费观以消费体验为核心，以社群关系为纽带，追逐个性和享乐，除实用性外，还对最终的产品作出审美判断，甚至关注产品的生产过程和生产者。但是在互联网时代，消费者对生活美学消费有时并非来自自己的体验，而是对一种潮流的追逐，催生了虚假生活美学。

中国的传统生活美学产品，应多关注中国传统生活方式和造物方式，如儒释道文化、茶道、花道和香道等。生活美学产品是对生活方式和造物方式的阐释，背后蕴涵深刻意涵、仪式感或是匠心。

（四）活动与展会文创

活动与展会文创一般指根据展会、论坛、庆典、博览会、运动会等所设计的文创产品，此类产品有较强的纪念价值，但是时效性较短，往往会随着活动的截止停止生产和售卖。

（五）企业与品牌文创

企业与品牌文创指根据企业文化、品牌文化等创作而来的产品，主要用于展示和丰富企业文化、商务礼品馈赠、互联网话题营销等，品牌联名也是目前品牌与品牌之间较为常见的合作模式。如旺仔与国潮品牌塔卡TYAKASH发布联名款，旺旺集团把一系列经典、传统和民族化的东西变成新潮的、特色的和大众化的，通过可爱、调皮的形象拉近消费者距离，进一步使品牌年轻化。

二、基于产品的材料工艺分类

材料，泛指人类用以作为物品的原料，是一切自然物和人造物存在的基础。设计师应当熟悉材料的特征，并在设计中运用形式美的法则，充分发挥不同材料自身特有的美学因素和艺术表现力，使材料各自美感特征相互衬托，以求做到产品的形、色、质的完美统一。在文创产品设计中，对于材料的运用研究主要是从不同的材料能给人带来的不同的情感体验出发。基于此，作者将产品设计中较为常见的材料进行分类，让设计师更好地了解和认识不同材质的特性。

（一）陶瓷类

陶瓷是一种人们在日常生活用品中接触比较多的一种材料，被称为"土与火的艺术"，也是人类最早利用的非天然材料。

陶瓷刚度大、强度高，以陶瓷作为主要材质的文创产品，常见的比较多的有摆件、餐具和首饰等。在中国宋朝的五大名窑中所烧制的陶瓷，有形制优美、高雅凝重的特点，对于表现素雅之美有着很好的参考价值。不同工艺也会呈现不同的特点，例如景德镇的白瓷素有"白如玉，明如镜，薄如纸，声如磬"之称，而玲珑瓷因明澈、通透，被称为"卡玻璃的瓷器"。作者认为，在设计限定材质的时候，应在掌握材质特性的基础上，结合不同生活场景设计，用创新的思维将材质的特性表现出来。

（二）金属类

从"青铜器时代"到"铁器时代"再到现在的"轻金属时代"，金属材料一直是人类文明史上最重要的结构材料和功能材料。金属材料具有良好的延展性，金属的光泽、色彩和肌理等给设计师提供了良好的发挥空间。作为文创产品设计师，应当了解和熟悉金属材料的工艺，从而做到游刃有余。

（三）布艺类

布艺是历史悠久的中国民间工艺中的一朵瑰丽的奇葩。中国古代的民间布艺主要用于服装、鞋帽、床帐、挂包、背包，以及其他小件的装饰（如头巾、香袋、扇带、荷包、手帕等）和玩具等。它是以布为原料，集民间剪纸、刺绣、制作工艺为一体的综合艺术。如动植物身上的装饰性花卉等，都是通过剪和绣的工艺制作而成。布艺是营造温馨、舒适室内氛围必不可少的元素，能够柔化室内空间生硬的线条，赋予居室新的感觉和色彩。

布艺品的分类方法有很多，如依据使用功能、空间、设计特色、加工工艺等分类。不管用什么材料和加工工艺制作的布艺品，最重要的是用在什么地方和有哪些用途，所以，我们通常把布艺品按照使用功能和空间分类。到了今天，布艺有了另一种含义，指以布为主料，经过艺术加工，达到一定的艺术效果，满足人们的生活需求的制品。当然，传统布艺手工和现代布艺家具之间没有严格的界限，传统布艺也可以自然地融入现代装饰中。

（四）竹木类

木材具有易加工特点，是人类最早使用的材料之一，常见于家具、陈设品等。木材给人以生态自然的感觉，有着宜人质感、丰富的色彩和肌理、清新的芳香味道、柔和的触感等特点。常用木材分为两类：硬木类和软木类。其中硬木又分为两种，一种是红木，如紫檀、黄花梨、酸枝木、鸡翅木等，这类木头多用于做高档家具或首饰等；另一种是杂木，如胡桃木、樱桃木等，常用于制作家具。

对于木材品类的文创产品设计，应注重考虑对材质从不同维度分类，如从档次、硬度、色彩、肌理等方面分类。根据木材的特性不同，巧妙地借用木材原本的肌理和颜色去设计，可以创造出不同温度和情怀的产品。苏州博物馆的"山水间"文具置物座，利用木头来代替片山假石，赋予文创产品自然的温度感。

（五）塑料类

塑料是一种相对来说历史较短的材料，第一代塑料于1868年问世，随后发展迅猛。塑料具有易成型、成本低和质量轻等特点，具有优良的综合性能，被广泛运用在带家电外壳、办公用品和装饰等产品当中，在中低端纪念品市场较常见到。

（六）玻璃类

玻璃与陶瓷一样，是一种脆性材料。玻璃的抗张强度较低，但是硬度较大，玻璃还具有许多独一无二的优点，被广泛应用到望远镜、眼镜镜片、梳妆台灯等的生产中。它还能制成酒杯、灯泡、建筑物的幕墙，也能成为价值较高的艺术品。近年来，陈设工艺品这一领域越来越受到人们的关注，其中有很大一部分的工艺品造型由玻璃来实现。

三、基于产品的市场需求分类

（一）消费型

消费型文创产品是指能被消费者快速消耗、不适宜长时间保存的文创商品。常见的有土特产与农副产品，一般来说与食品相关的比较多。此类产品会让消费者在游玩途中或回家后快速消耗，但是因产品的有较强的文化属性和鲜明的个性，通过强化产品的好感度和忠诚度，会让消费者产生重复购买行为甚至愿意推荐给亲友。

在过去，农民在生产完将大批物资交给中间商，中间商通过压低生产价格，农民的获利较少。"掌生谷粒"是我国台湾地区的一个农产品品牌，它取代了中间商的地位，让产品直达消费者，使得农民获得了更高的利润。掌生谷粒通过创意的包装、感人的文案，表达了其美好的初衷和善良的模式。掌生谷粒所有的设计都有故事，传达了产品的初心，这也是文创产品应有的初心。

（二）保存型

保存型文创产品一般具有较强的纪念性，会带有时代、地域或者是某种精神的印记，同时能被消费者长期保存。保存型文创产品种类较多，从实用性产品到摆件，从使用频度高的使用频度低的，也许消费者会因为忙碌而忽视产品，但是每当消费者使用或者欣赏产品的时候会想到产品背后的故事。

"猫王"收音机以电台文化为出发点，由50年北美胡桃原木，全手工打磨铸造。每一台都有独立编号，每一台都可以说是世界唯一。2016年年底，"猫王"全系产品创下上亿销售额。对于文创产品而言，并不需要讨好所有人，只要抓住文化的本质，将其表现得淋漓尽致，就有可能打造"现象级"产品。

（三）馈赠型

馈赠型文创产品，往往代表赠予方的地位和价值认同，一般来讲做工比较精致、大气和文化内涵丰富等，如国礼常体现国家文化，商务礼品蕴涵企业文化。此类文创产品通常为中高端产品，具有很强的象征意涵，国礼级别产品一般具有唯一性、不可复制性。

四、基于产品的功能分类

商品开发种类多样及功能众多，例如，博物馆在针对商品研发部分，会着手于销售、礼品馈赠、公关及活动宣传等市场需求，以供消费者广泛选择。以功能面来区分，文化创意商品包括：生活实用类（服饰、饰品、文具、生活居家、食品）；工艺品类（装饰性工艺品、实用性工艺品）等。

由于商品种类繁多，但是以往的商品大多同质化严重，而在新时代的消费观趋向于个性化、差异化。因此，在设计商品上可以增加与以往商品不同的功能性，且要具有创意元素和明确的文化内涵。

第二章　文化创意产品设计概述

　　本章内容为文化创意产品设计概述，从三个方面展开叙述，首先在第一节叙述了文化创意产品的设计原则，其次简单介绍了文化创意产品的设计方法，最后系统阐述了文化创意产品的设计流程。

第一节 文化创意产品的设计原则

一、以市场为导向的原则

市场导向原则强调文化创意产品要根据市场的需求进行设计，要重视市场的需求、开发出受市场欢迎的产品，而不能仅凭自己的喜好设计产品。当然文创产品设计过程中要合理审视市场的导向，以及文化的内涵，让文创产品既有浓郁的文化内涵，也能符合市场的喜好。

20 世纪 50 年代以来，在西方发达国家随着买方市场的出现，而产生现代经营思想。经过数十年来的更新和迭代，现代经营思想已经成了当代市场营销的主要指导思想。该理念认为，企业的生产要以客户或者消费者的需求为依据决定。在这种思想的指导下，企业不再费心思考如何从现有的产品中寻找吸引客户的元素，而是深入研究市场的需求，从而对自己的产品生产和销售进行规划。企业的主要目标不再是追求产品销售量和销售额的短期增长，而是通过生产市场需要的产品占领市场份额。因此，现代企业对市场调研十分重视，希望能在市场消费需求的变化中寻找尚未饱和的市场空间，然后通过开发新产品以及价格制订、销售渠道安排、促销手段等营销设计来满足这种需求。在满足需求的过程中，企业的市场份额也在不断扩大。

通过市场经济体制的调节，文创产品的需求与供给之间通过市场进行联动。文创产品需求与供给在市场体系中展现出的矛盾，是推动文创活动发展的根本动力，即需求和供给之间的矛盾是经济活动中存在的主要矛盾，两者之间的经济联系和变化发展是经济活动的主要内容。通过市场的运作，需求和供给之间的矛盾得以缓和或者解决，实现供求结构的平衡。供求之间的平衡也就是产品结构的平衡，文创产品结构处于平衡状态，才能让整个产业的运作维持在健康的轨道上。

文创市场的变化十分迅速，消费者的喜好、竞争对手的发展战略都在随时发生变化。相关的法律法规随着文创产业的发展而不断完善，这些因素导致了文创企业的发展环境也在随时发生着变化。文创产业能否在竞争中生存并发展壮大，取决于企业能不能适应文创市场的发展变化，能适应到什么程度。因此，文创产业的发展必须坚持市场导向，以市场变化为依据，随时对现有资源的配置进行优化，发挥企业的优势，针对市场的特点展开营销活动，以实现企业的经营目标。这就需要企业要根据自己的情况制订相应的市场营销战略。市场营销战略关系到今后相当长一段时间内文创企业的发展目标，是文创企业市场营销计划的重要依据。因此，市场营销战略正确与否，对文创企业的兴衰成败十分重要，有着重要的影响。若一个文创企业的市场营销战略错误，即使文创的具体行动方案多么细致、多么全面，销售队伍多么强大，也会在激烈的市场竞争中迷失方向，对企业的生存和发展构成威胁，甚至被竞争对手击败。

二、突出差异的创新原则

差异化设计实际上就是要求企业在产品设计上寻求创新，让自己的产品具备其他产品所没有的优势，这就要求企业从不同的角度展开分析思考和判断，通过明确市场定位针对不同的消费群体特征，设计出不同的产品。企业进行产品创新首先就要将消费者划分成不同的群体，并分析其消费特点，进而形成细致的产品定位，再进行差异化设计。产品定位的方法有以下几种：

（一）地域创新

地域文化是扎根于特定区域的生活环境，并长期积累而形成的特殊文化，其在当地有着深厚的精神基础。根据地域环境变化的情况，将地域特色文化与产品设计融合，让产品具有在地性特征，是一种十分独特的文创产品定位方法。在文创产品设计中融入地域文化并不断保持，是实现文创产品差异化的方式之一。

（二）产品品类创新

这是指通过规格、质量、风格和特色间的差异，形成产品之间的差异，以适应消费者的不同需求和价值诉求的方法，也是避免产品同质化的有效方式之一。

（三）消费群体差异化创新

这是指根据消费群体之间的不同消费需求和消费心理进行产品差异化创新的一种方式，是产品针对消费群体之间的差异进行的创新设计。通过对消费群体的细分，产品的品类也能得到细分，从而实现产品的差异化和个性化。

（四）消费手段差异化创新

这是指通过差异化的营销方式将产品的新意与亮点展示给消费者，吸引消费者消费的方式。这种方法能让消费者的消费行为向着差异化发展，为顾客提供了独特的利益，从而让产品获得竞争优势。

随着"互联网+"的出现，这种创新模式也越来越多地被应用在文创产业的创新与发展中。例如，印有康熙皇帝的画像的趣味收集壁纸，受到很多消费者的喜爱，故宫博物院的手机应用和淘宝店铺出现在越来越多的消费者的手机上。文化不再仅凭传统的方式去感染他人，而是借用时代崭新的技术手段和形式主动进行传播，渗透进每个人的日常生活中。文创产品要想摆脱同质化的问题就必须进行创新，通过材料创新、工艺创新和造型创新等形式让产品逐渐差异化。产品差异化有两种实现形式，分别是水平差异化和垂直差异化。文创产品要从水平差异化的角度进行创新设计，结合不同的创新思路和创新方法，开拓思路，创造出超出人们想象的产品。文创企业要通过产品差异化设计，不断扩大文创产业的发展领域，通过创新的形式让人感受文化的魅力和文化的无处不在。2017年12月，敦煌研究院与腾讯公司达成合作，实施"敦煌数字供养人"计划，通过这个计划，号召广大用户群体通过游戏、动漫、音乐、文创等形式发挥多元化数字创意，保护和传承敦煌文化事业。在合作一周年之际，该计划推出新年数字创意活动——敦煌丝巾。该活动号召公众通过数字文创手段，成为敦煌数字供养人。在腾讯文创平台上，用户可以通过DIY自己的专属敦煌丝巾，生成个性化的文创创意，供养千年敦煌文化。

三、兼顾美观与实用的原则

生活中处处蕴藏着人们对美的追求，为了迎合人们对美的追求，越来越多的既美观又实用的产品被设计出来。美学实用性效应的概念也形成了，它指的是相较于其他产品，人们会认为设计更有美感的产品更容易使用，这种感觉跟产品事实上是否好用并没有关系。目前，已经有很多实验证实了这个效应的准确性，并启发了文创产品设计者对设计是否能被接纳或者使用等方面的思考。

美观的设计让产品看起来更加实用，且吸引消费者在其他产品与有美观表现设计的产品之间选择后者。因此，实用但是设计缺乏美感的产品则很可能遭到市场的冷落，进而引发人们对产品实用性和设计美观性的讨论。美学实用性效应将在今后很长一段时间里对文创产品设计产生影响，并且美学在产品设计中的重要地位也将在很长一段时间内不会被改变。外形美观的产品比缺乏美感的产品更能培养消费者的积极使用态度，并让人忽略产品在功能设计上的一些缺陷。

具有美感的产品不仅要符合消费和使用的审美喜好，还要让消费者产生"美观的产品更加好用"的感觉。因此在文创产品设计的过程中，设计者要重视消费者的感受，认真分析消费者的情感与爱好，准确把握其美学需求特征，并与文化相结合，设计出符合消费者审美偏好的美学性产品，从而让消费者在消费和使用产品的过程中保持愉悦、享受的心情。但是在实际生活中，大多数文创产品仅仅重视设计的美观而忽视了产品的实用性，产品本身质量不佳，产生了中看不中用的问题。因此，文创企业的设计师要严格控制产品的质量，让产品在满足消费者使用需求的基础上，展现出富有美感的外观，从而吸引消费者选择该产品。例如，在产品设计中可以与其他知名品牌进行联动，通过知名品牌的影响力提升消费者对产品的信赖度。百雀羚的生产商与故宫珠宝设计师钟华合作，强势推出一款带有浓郁中国风的梳妆礼盒。这款产品所具有的精致的中国风广受消费者追捧。

四、坚持绿色环保的原则

维克多·巴巴纳克是美国设计理论家。他于20世纪60年代末期出版了《为真实世界而设计》一书。这本书面世后引起了很大的争议。这本书针对设计师面临的人类需求的最迫切的问题提出了很多建议，并对设计师应当具备的社会价值和伦理价值做了强调。进入20世纪80年代，一股国际性的设计思潮出现。全球性的生态失衡和人类的生存问题引起了世界范围内各界人士的重视，设计师们也开始认识到发展、设计和环境保护之间的和谐的重要性。

对于产品设计而言，设计与环境保护之间的和谐，就是要重视人与自然之间的生态平衡，让环境保护和环境效益的思想贯穿于设计决策中的每一个环节，将产品的整个流通过程对环境的破坏降到最低。例如，产品设计中的材料选择和管理、物质与能源消耗、有害物质的产生与排放，以及产品和零部件能否顺利回收，便于回收、再生循环或充分利用。产品设计师要让自己的设计理念和工作方式符合绿色环保的强制性要求，设计出更为环保的产品，并让产品能以更简洁、更长久的形式为人类服务。

与传统设计理念和方式相比较，绿色设计应遵循以下原则：

（一）资源最佳利用原则

资源最佳利用原则可以从两方面进行理解。首先是在资源选择方面，设计师应遵循可持续发展理念，充分考虑资源的再生能力和跨时间段配置问题，对资源进行合理的使用，减少资源消耗，尽可能选择能够再生的资源。其次是在设计过程中，设计师要充分利用资源，让资源的价值发挥到最大程度。

（二）能量消耗最少原则

能量消耗最少原则也能从两个方面理解。首先是在能源类型的选择上，设计师应当尽可能选择清洁能源或者可再生能源，如风能、太阳能等。其次是能源消耗方面，设计师要考虑产品的整个生命周期，尽量减少能源的消耗和浪费，并尽可能减少因为资源浪费而产生的环境污染，如噪声、振动等。

（三）"零污染"原则

在传统设计理念中，为了发展，人们常常采取"先污染，后治理"的方式。但是显然这样不仅会为后期的环境治理增添许多困难，还会造成难以挽回的环境损害。绿色设计理念应当彻底摒弃这种并不科学的末端环境治理方式，坚持"预防为主，治理为辅"的环境友好型发展策略。因此，设计师在产品设计阶段，就要将污染问题纳入考虑范围，从根本上防止污染的产生。

（四）"零损害"原则

绿色设计在坚持减少环境污染的同时，也要充分考虑在生产和使用过程中的安全问题，保障生产者和使用者不会遭受伤害。因此，设计师要考虑到产品的制造环境、使用环境以及产品的质量控制等问题，确保生产者和使用者的安全。此外，生产出的产品也要符合美学、人机工程学等相关理论，确保人们在使用产品时身心不会遭受损害。

（五）技术先进原则

绿色设计要确保产品符合"绿色"的理念，因此，在产品设计中要尽量将先进的生产技术考虑进去，通过先进技术生产产品，确保不会因为技术落后的原因而产生能源损耗或者污染。此外，设计要具有一定的创造性，这样产品才能有更强的市场竞争力。

（六）生态经济效益最佳原则

从生态经济效益最佳原则出发，绿色设计要从两点进行考虑：一是要考虑产品的经济效益；二是以可持续发展理念为指导，全面考虑产品在生产周期内所产生的环境行为及其对生态环境和社会产生的影响，思考这些影响带来的环境生态和社会方面的效益损失。绿色设计要使产品不仅能取得更好的环境效益，还能保持较好的经济效益，达到生态经济效益最佳的状态。

全球知名的瑞士环保潮牌 Freitag 推出了一款邮差包。产品利用回收而来的卡车车篷防水油布制作邮差包包面、汽车安全带做包带、自行车内胎用作包边，每一个 Freitag 包的图案都是一种独一无二、代表了个性的生活方式，同时，取得了可持续的最佳生态经济效益。

五、遵循系统分层的原则

由于市场上消费者之间的各种差异，如性别差异、文化背景差异、年龄差异等，单一功能的产品无法满足消费者的个性化需求，因此，文创产品设计就要遵循系统分层原则，也就是文创产品设计要多层次、系统化，为消费者提供不同价位、不同档次、不同文化元素的差异性产品。

（一）高档文创产品设计

高档文创产品首先要重视产品品牌的塑造，同时让文创产品的内涵更加丰富，提升审美品位；其次可以通过手工艺生产形式保留工艺技巧的痕迹，从而凸显产品所使用的材质之美。产品的包装也要与产品的文化主题相契合，与产品本身互相照应，共同传达文化之意蕴。这类文创产品的定价一般比较高，但是却不一定是最主要的盈利产品。

（二）中档文创产品设计

应考虑消费者对文创产品的内心情感需求、精神需要，最终创造出充满趣味的产品。

（三）低档文创产品设计

低档文创产品也要保证其品质和特点，同时尽量实现批量生产，在设计过程中要选择价格低、容易加工的材料进行生产，保证产品的低成本、低售价。与此同时，文创产品的系列化设计也十分重要，产品系列是方便消费者个性化选择的产品开发方法，给了消费者更多的选择空间，也能诱导消费者消费。市场经济体制下，决定产品生命周期的重要因素是消费者的需求。单一设计产品的生命周期越来越短。而系列化的产品设计能不断带给消费者新奇的消费体验，构成视觉冲击力，让消费者形成更深刻的产品认知，也让产品符合更多消费者的消费和使用需求。系列化的产品设计能通过不同的组合方式或者多变的功能形成产品系统，以适应市场的不同需求，进而提高产品的市场竞争力。

第二节　文化创意产品的设计方法

一、以功能为主的设计

一般而言，产品的功能都是多元的，一件产品可能同时具备多个用途，或者同时具备一定的审美功能。因此，在产品设计过程中，设计人员要对产品的功能，以及不同功能之间的联系进行合理的考虑。实用性设计指的是将实用功能作为产品功能设计重点的一种设计方式。

包豪斯是世界著名的设计学院，早在100年前，包豪斯就提出让设计以适应大工业生产和生活的需要为主，功能主义和实用主义的设计理念也应运而生。产品的实用功能聚焦的是产品作为人们达到某一目的的工具性，例如，汽车生产的目的是让人们出行更加方便，手机生产的目的是让人们实现远距离沟通等。一般而言，除了小部分只以满足审美需求而生产的工艺品外，大部分工业化批量生产的产品都具有实用性。

关于文创产品设计载体的选择，一般来说设计师为了吸引消费者的消费，会选择一些人们日常生活中常用的物品，设计成具有文化内涵的文创产品。设计师采用仿生、提取文物的表面肌理、质感、色彩和造型等方式，将提取的文化元素进行具象转化，结合产品的实用功能设计出日常生活中的"日用品"。

二、突出趣味性的设计

从诺曼所著的《情感化设计》中可知，乐趣、美感和愉悦共同作用的情况下，人能产生正面的情绪，也就是感觉到快乐。这种快乐的感觉能够缓解人们的压力，并激发人们对知识的渴望，提升人们学习的能力。目前，市场上也有许多以娱乐为主要功能的体验性产品，消费者购买这类产品的动力是享受产品的"好玩"和"有趣"。这也是在快节奏的生活中，人们对心灵的愉悦与放飞追求的体现。对于文创产品而言，产品的趣味性具有很强的包容性，其目的是给消费者带来全方位的使用或体验感受。文创产品的趣味性常常是富有层次性的，从最基础的造型设计，到产品功能，再到人机互动和文化层面，让产品的趣味性上升到新的高度。由于消费者在性别、年龄、文化程度、社会经历等方面的差异，他们对于趣味性的理解也各不相同。有的人更注重功能上的趣味性，有的更喜欢视觉感知上的直观趣味性，有的则更重视产品本身的品质，希望产品能带给自己真情实感的体验。因为人们的诉求不同，所以在文创产品设计中，趣味性也就更全面、更突出，力求带给消费者完全不同的趣味享受。在趣味性设计中，设计师要重视趣味性的影响因素，以及如何将趣味性体现在产品中。

（一）趣味设计因素

从不同人群的需求角度分析，趣味设计应重视以下因素的影响：

1. 消费者的年龄

不同年龄的人对趣味性的感受与诉求不同。儿童和青少年更重视产品的外形和颜色，而中老年人则更重视产品本身的趣味性。

2. 消费者的性别

一般而言，女性更偏向于带有温和特点的产品，男性更喜欢便捷、简单的产品。

3.消费者的消费能力

从这一点分析，日常生活用品的趣味性要始终重视产品的功能设计，在功能设计上体现出对消费者情感层面的关怀，这种趣味性往往与价位无关。日常生活用品的趣味性要重视以人为本设计思想的指导，从人的情感角度出发，让产品的趣味性不仅停留在表层，而是不断拓展延伸，达到更深层次的趣味性体现。产品的趣味性设计让产品更具亲和力，因此在设计中，设计师要将设计要素和设计思想与产品的功能、造型、产品与人的交互和文化体现相融合，设计出更多富有趣味性的产品。

（二）趣味设计方法

完整的趣味设计方法应从以下四个角度思考：产品的造型与材质和色彩等方面的趣味性、功能的趣味性、人机交互的趣味性、产品的综合趣味性。

1.造型的趣味设计

一些采用洛可可风格设计而成的大圣归来主题手机壳，在造型设计方面利用了形态的相似性，套用其形，巧妙地将形态的象征意义运用到设计中。

2.从功能层面趣味设计出发

皮影通常由皮影人物与控制人物的挑棍组成。皮影图案与技艺是数千年来人民的智慧与艺术的结晶，将皮影戏的形与意融入现代生活，把皮影戏做成一个多功能极简皮影书架，它们身后的挑棍可以作为支撑物与墙壁相连，而皮影人物则牢牢地接住了写满字的书籍，也接住了几千年的珍贵文化。由于皮影戏中人与物造型的丰富性与特殊性，皮影后面的挑棍基本不会在同一个水平面上，那么导致放置的书籍都会与水平面或大或小地形成一个倾角，所以可以给它起名叫——"倾角"。

3.从人机互动层面趣味设计出发

例如，泰国 Qualy 花盆。当花盆内水不够的时候，小松鼠就掉进洞里，提醒人们给植物加水。

4.综合角度的趣味设计

例如，将故事的趣味性、文化多样性和游戏的策略性应用在设计当中。设计师还可以根据消费者的不同消费特点，将多方面的趣味设计因素结合起来，从需求的角度出发进行日常生活用品设计，保证产品的趣味性。

以人为本是产品设计的核心，这一理念是建立在情感设计和体验设计等丰富的理论设计基础之上的。总的来说，日常生活用品的趣味性设计也要遵循这一原则，从造型到产品功能再到情感的体验，从外形到产品的内涵设计，将趣味性体现在产品的每一个方面。以人为本是趣味性设计的核心，它要求设计师更加关注产品的深层次情感特征，使其更符合人们的心理层面的需求。

雷蒙德·罗维被称为产品设计之父，他曾经说过："我寻求一种强烈的视觉震撼力，令人即便是短短一瞥，也能留下深刻的印象，但是我更关心它们在人们心中的感受。"[1] 从中不难看出，深层次的趣味性才是产品设计的重点，才能带给人们心理和精神层面的情感体验。

三、融入情境性的设计

与实用性设计方法不同，情境性设计方法以产品的实用性设计为基础，更加重视产品的"精神意境"的打造。通过这种方法设计的产品既能当作工艺品，以其观赏性营造出一定的氛围感，又具备实用性，在使用的过程中，通过操作将产品的意义传递给使用者。其中，最具代表性的产品有茶道、香道、花道类的产品。

产品设计中所说的场景指的是用户和产品进行交互时的集成系统，它由环境、产品和用户共同组成。场景研究则是对产品、产品的使用情境和环境以及任何这三者之间的关系进行研究，从而分析未来产品的使用。其目的是让场景的三个因素在产品使用的过程中达到平衡，让产品设计更加符合用户的使用需求，增强用户的使用体验。

（一）通过场景还原理解用户心理

用户的行为十分特殊，其影响因素也十分复杂。因此，仅凭传统的问卷调查等方式很难准确把握用户的动机、行为目的和情感。产品设计者要想深入理解用户行为的目的，就要从用户的角度亲自去体验产品的使用过程，体验、观察和理解用户的情绪变化，这样才能真正理解用户的使用行为，抓住用户的痛点。因此，

---

[1] 集成教育设计. 雷蒙德·罗维：设计无处不在 [R/OL]（2018-7-12）[2022-12-20].https://zhuanlan.zhihu.com/p/39589004.

在产品设计开发中，设计人员要通过跟踪和调查潜在消费人群特征、收集相关信息、记录场景信息、场景模拟等研究方式理解用户的产品使用心理，把握用户的产品需求。

（二）从场景中挖掘需求

传统设计中，设计者一般认为产品与用户之间的关系只产生于使用过程中。这种观点是片面的。用户与产品的之间的信任和情感共鸣从用户与产品接触时就已经产生了。用户的潜在需求往往隐藏在用户的习惯和态度中，而场景的建立可以帮助设计者挖掘这种需求。因为用户在接触和使用产品的过程中可能产生新的行为习惯和需求，因此，通过场景设置来再现用户的日常细节，可以帮助设计者深入理解用户的情绪变化，把握与用户交流的态度，定位用户的目标以及与用户交流的目标。场景所展现出的功能要求和信息，为设计者发现产品与用户之间的交互点提供了帮助，让设计者能对产品与用户之间的关系进行合理把握，让最终设计出的产品与用户的生活和谐融合。同时，通过场景再现挖掘需求的设计方式，也让设计者不会因为缺乏新产品的设计经验而让设计出现漏洞，避免了因此而给用户带来使用方面的问题。

（三）提炼核心需求定义产品

在通过场景还原用户心理，挖掘用户需求之后，设计者就要将这些信息进行总结和提炼。通常用户会根据自己的具体喜好产生对产品的某一特定属性的需求，但是设计者却很少从这一角度考虑，面向大众的消费品必须能满足大多数消费者的需求，如果功能过于具体，就只能满足一小部分群体。因此设计师要对消费者的心理和需求进行升华和提炼，寻找其背后的深层原因。通过产品设计的表达来满足用户的多样化需求，并聚焦于用户的核心需求，寻找最佳的解决方案，形成产品的需求定义。

（四）通过场景预设验证产品定义

形成产品的定义之后，设计者还要对其进行验证。最核心的方法是关键路径场景方法，它指的是虚构一个场景，通过设计出的场景让目标用户体验产品的重要功能，然后对用户的行为进行预测，并验证设计是否合理。通过这种方式，设计者可以在假设开始的阶段以较低的成本消除一些不可能的需求，提高设计效率。此外，设计者还可以在场景脚本中对用户需求和产品功能进行充分的考虑，以此提高设计的完成度。知乎以沉浸式的知识体验和创新设计，再次构建了一个独一无二的线下创意体验馆。这是一家"专治不懂"的魔法诊所——不知道诊所，将知乎上专业、有趣、多元的内容以创意体验馆的方式展现出来。展览特设七大诊室，更特邀15位知乎优秀回答者现场"专家看诊"，全方位解答各种"不懂症状"，治愈青年人群好奇心。

四、演绎故事性的设计

文创产品设计师不是贴图设计师，故事性设计常用"讲故事"的方法，来体现文创产品的文化内涵特征，让消费者获得心灵的共鸣，是文创产品设计中较为常用的设计方法之一。要讲好产品设计中的故事，需要发现产品中的笑点、萌点、科技点等，通过一定的"梗"和受众进行沟通。

想要实现故事型设计，设计者就要从文化背景角度对产品进行深入地挖掘，例如产品的产地、产品的历史、工艺方面、制造过程方面和非遗文化方面等，又或者产品采用了非遗手工艺，以及产品的独特设计理念和设计思路。同时，将这些蕴藏在产品背后的文化故事传递给用户。故事的文案必须完整、合乎逻辑，既要将商品本身和商品的效益凸显出来，也要根据文化的重要性排列故事情节，在标题中凸显文化的重要特征，让消费者在阅读文案的过程中首先感受其文化特色，再逐步了解其完整的文化背景。

五、应用高科技的设计

当今社会，科技以人类难以想象的速度向前发展，虽然在日常生活中人们很难接触到前沿的科技，但是科技在生产领域的应用，却往往会造成生产的创造性发展。最近几年，全息影像技术逐渐普及，全系影响呈现的设备也逐渐简单化，但是这一技术却尚未应用到文创产品设计当中。VR（虚拟现实技术）以及AR（增强现实技术）等技术也逐渐在大众的生活领域渗透，通过这两项技术，产品的叙述性可以得到增强。新一代的7D技术能运用光感、传感、振动和摇晃等形式同时与五维度场景建设结合，完全模拟出真实的场景，让人产生身临其境的体验。

现今阶段，7D技术仅在大型博物馆或者体验馆中使用，如果今后这项技术得到发展，能够运用在文创产业中，那么文创产品设计和生产也必然会有质的飞跃，让用户切实体验到文化与历史的积淀。由此可见，设计师要对现代科技发展及其应用有深刻的了解，并主动尝试利用科技技术进行设计，让文创产品更符合时代发展特点。近些年，故宫的文创产品中就有许多这样产品，如故宫猫AR绘本。它使用了AR技术将背后的文物故事生动地展现在用户面前。

设计方法的创新并不局限于以上几种形式，并且不同的方法之间也能相互结合。设计者可以将创新的设计方法与传统设计方法组合，采用多样化的设计方法设计出更加符合大多数人的审美偏好的文创产品，带动文创产业的健康发展，并通过文创产品传播文化内涵，普及文化教育。

第三节　文化创意产品的设计流程

一、文创项目管理与市场调查

（一）文创项目管理

文创产品设计大多以项目的形式进行，因此，将项目的相关技术和管理知识应用到文创设计活动中，就产生了文创设计项目管理。其本质就是通过项目管理理论和技术，在文创项目的资源、时间、成本、技术和制造等限制范围内，合理规划资源的组织和使用，协调和控制任务的进度，从而实现预定的文创设计目标的管理活动。科学的文创设计项目管理往往影响着文创企业的经营，决定了新产品和特性服务形式开发的相关工作之成败。因此，一个成熟的文创设计组织必定要有科学的项目管理方式，并具备相应的项目管理能力，保证自己能够在条件限定下有序完成文创设计的相关任务。文创产品设计师除了要具备相应的设计能力之外，还要有较高的文化素养，能够将文化与产品设计结合，这样才能设计出既有品质又有文化内涵的产品。文创产品的设计流程与一般的产品设计之间也有一定的区别，具体步骤如下：

1. 文创设计项目的管理准备

这一阶段对于成熟的文创企业或者团队而言，所需花费的时间比较少，长期的设计经历让他们能够减少许多因为磨合或流程不熟悉而产生的问题。但是对于设计经验较少的文创企业或团队而言，这一阶段往往需要更加充分的准备，为产品设计项目的进行打好基础。

项目设计的前期准备工作一般有三方面内容：一是设计队伍的组建，二是文创设计的前期检查，三是文创设计规划书的编写。

（1）组建文创设计队伍

企业必须根据文创设计项目的内容、性质及企业自身技术能力的情况，来确定是否需要组建文创设计队伍或组建一个什么样的文创设计队伍。通常，由于产品在市场中更新的频率很快，每年需要较多的新文创产品进入市场，而且由于文创设计项目的复杂程度不一，所以，才需要组建文创产品设计队伍。

①指定设计经理

在文创企业的设计组织中，文创设计经理（设计组织主要负责人）起着十分关键的作用。在对具体文创设计项目的管理中，文创设计经理的职责主要有以下几个方面：编制文创设计规划书，选择文创设计师和文创设计项目负责人，组织和协调文创设计活动，激励文创设计人员，负责文创设计组织与其他部门的协调工作，管理文创设计项目流程的全过程。

在能力特点方面，文创设计项目的经理与一般的经理有所不同。想要胜任文创设计管理工作，经理必须具备以下能力：对本次文创设计主题的内涵有深刻的理解和认知；了解队伍中设计师的不同特点，并拥有将他们的能力充分发挥出来的能力；合理处理团队的人际关系，合理规划时间；具备创新的眼光，能科学进行决策；指导团队人员编制文创设计规划书，并设计科学的业绩评估方法；能与相关部门顺利沟通，并取得其配合；熟悉文创设计的流程和方法，并对其有科学的理解，掌握对文创设计进行评估的能力；掌握文创设计语言的基础知识，能与相关人员就文创设计工作进行有效沟通；能够主持设计会议，把握会议流程和进度，有合理的说明和表达方法。

②指定文创设计师

一个文创设计组织需要多少文创设计人员和需要什么样的设计人员，完全取决于文创企业要执行的文创设计项目的多少和设计项目的具体内容。除了考虑技术因素外，还要明确哪些是整个项目中的关键技术。对于具有专门技术或较为关键的技术限制的项目，最好由固定的文创设计师来负责。而且，建成一支永久性的、高水平的文创设计队伍是一个成功企业的长期规划，必须在设计管理的实践过程中逐步实现。文创设计团队一般来说需要具备多种能力，产品设计师、视觉设计师都应兼顾到位，做到全方位互补。

（2）进行文创设计前期检查

前期检查阶段的主要目标是进一步明确文创项目的市场定位，这对项目的成功而言十分重要。还有一个目的就是评估企业内部的设计资源，避免设计过程中的风险，确保设计能够成功。

这一环节主要包括以下工作：从以往的文创设计项目中总结经验教训；分析企业的设计技术，避开技术薄弱环节；检查文创项目管理的能力和水平。参与项目检查的负责人必须了解和懂得文创设计，熟悉文创设计的操作程序，有一定的文创管理经验，有强烈的责任心，能以较客观、公正的态度来进行这项工作。

（3）编制文创设计规划书

项目开始前一项非常重要的工作就是编制文创设计规划书，一个确切而完整的设计规划书，能使文创设计具有明确的方向和目标；能最大限度地降低文创项目风险；能让设计师尽快了解设计内容，为之后的设计工作打下基础；能让团队积累设计与管理相关经验。

从项目管理的角度进行分析，完整的设计规划书应当包括以下内容：设计目标、计划和要求。因此，在编制文创设计规划书的过程中，相关人员要明确项目的最终目标、确定项目设计计划、合理分析设计的要求。文创设计规划书的编制通常要经过市场研究、产品研究、技术研究、交流与评估等研究与活动步骤。

2. 文创设计规划管理

文创设计规划管理是管理者对文创项目的执行过程的全面管理。准备阶段完成之后，设计者的工作重点就要转移到文创设计规划管理上。想要完成设计规划书所设定的目标，文创设计规划管理工作必不可少。对文创设计规划的管理通常可以采取分阶段的管理、新产品设计与开发流程管理、设计规划的品质管理、设计品质与成本管理、设计品质与日程管理等方式。

3. 文创设计评估

文创项目能否达到预期的目标，最重要的决定因素在于文创设计评估，也就是在设计过程中不断利用系统的设计检查，来确保项目朝着预期的方向推进。通过这项工作，管理者能及时将文创设计中出现的问题找出来并纠正，降低产品开发的风险，确保文创设计拥有较高的质量。对于文创设计评估工作，英国设计管理专家将其分为四个阶段，分别是需求评估、前期评估、中期评估和后期评估。这种划分方式符合设计程序的特点。具体而言，文创设计需求评估就是根据市场的相关信息和企业的内部、外部环境影响因素，进一步分析受众的需求影响因素，让文创设计的定位更加准确。文创设计前期评估就是针对设计需求要素明确以后的多种设计方案，通过评估选择一个最为合适的或具有发展前景的方案。文创设计中期评估是在设计的总体方案确定以后，在生产图纸形成以前进行的一次十分关键的评估。这一阶段的评估内容主要是对文创设计中的各个细节内容进行评估。文创设计后期评估是在工作样机制作和试生产结束后，在文创产品进行批量生产前必须进行设计的后期评估。

除了做好阶段评估之外，还要做好文创设计评估的管理。包括做好评估的前期准备，组织好设计评估的实施（包括做好设计评估计划、评估信息数据采集、组织好各类评估参与人员等）。

4. 文创设计团队管理

文创设计是非常复杂、任务非常艰巨的设计项目，因此，必须通过负责不同职能的团队成员共同合作才能完成。众多的实践也证明了能够获得授权的多职能的文创团队，更容易让设计项目成功。但是文创团队成员之间的冲突和矛盾往往难以避免，因此，必须通过有效的管理才能化解团队的内部冲突，减少随之而来的负面影响，提升文创项目的完成质量。

文创设计团队的工作特征从总体上讲，一是文创设计项目要靠集体的智慧才能完成，在文创设计团队中，要让团队成员有平等的参与感和认同感；二是既要重视文创团队的作用，也要重视领军人物个人的作用；三是文创设计团队在设计开发一个项目时，核心团队成员不宜超过 8 人，理想的人数是 5~7 人。

为了使文创设计团队成员在同一个设计组织内有效地工作，必须有一个出色的文创项目经理。这个文创设计经理必须有良好的工作能力，包括在专业技术上的能力和对团队管理方面的能力；有较好的愿景和规划能力；有一定的权限，包括有足够的权限来管理和控制来自不同部门的项目团队成员。

文创设计经理作为设计团队的管理者，其任务就是带领文创团队在组织上、管理机制上、工作上保持高效的特点，处理好团队中的不良冲突，为高质量地完成文创设计目标作贡献。文创项目管理者应充分调动团队成员热情，发挥各成员的优势，通过合理的项目排期和项目管理，确保文创项目如期完成。

（二）文创产品市场调查

市场调研是有组织、有计划的活动，且存在有科学的工作程序，工作人员必须按照程序完成工作才能取得预期的效果。对于文创设计项目而言，市场调研程序一般包含以下五个阶段：调查主题和目的的确认、调查计划制订、调查方式确定、实施过程、制作调查报告。

1. 文创产品调查主题与调查项目的确定

文创产品市场营销决策涉及许多工作，覆盖范围极广，需要确定的问题也很多，因此，往往需要多次市场调查活动才能完成任务。在组织市场调查活动之前，工作人员要先将本次调查急需解决的问题找出来，并据此设定调查主题，确定调查的任务和目标。确定调查主题时要划定主题的范围，以免出现调查主题过于模糊的情况。当然调查的主题也不能过于狭窄，否则就无法对市场的具体情况进行充分反映，调查也就失去了意义。

以文创产品调查主题的目的与性质之间的差异为依据，调查项目可以分为三种，分别是探索性调查、描述性调查和因果关系调查。

（1）探索性调查

通常情况下，如果调查主题的内容与性质比较模糊，那么为了对问题的性质进行深入了解，确定调查的方向和范围，工作人员可以初步搜集资料。这种调查就是探索性调查。如一个文创企业在自身的经营活动中发现近几个月文创产品销量存在下降的情况，其原因可能是竞争者争夺了市场、市场上出现了新的替代品、受众的爱好发生变化或文创企业产品质量出现问题。此时，文创企业就可以通过探索性调查寻找症结，通过探索性调查了解情况，以及时发现问题，从变化的市场环境中发掘出对市场营销决策有积极意义的新因素。

（2）描述性调查

描述性调查是一种常见的调查，通常是对文创市场营销决策所面临问题的不同因素、不同方面的调查研究。描述性调查强调资料数据的采集和记录，着重于客观事实的静态描述。在文创企业短期营销战略调整时，需要对近些年文创产品需求发展变化进行分析与预测，而长期的战略调整则依赖于对现实及未来相关情况的了解，需要对城乡居民的收支结构及变化情况、产品社会拥有率、饱和度和普及率，以及现有其他竞品的生产现状等情况作全面调查。此类调查基本上属于描述性调查。

（3）因果关系调查

因果关系调查是为了分析市场营销活动的不同要素之间的关系，查明导致某些现象产生的原因而进行的调查，文创企业在经营活动中，多种因素间存在着许多关联。如，有些是文创企业自身可控制的变量，如文创产品产量、价格、人员及费用开支等；有些则不同，其变化是受多种因素的影响，如销售额、产品、成本、企业利润等。通过因果关系调查，要搞清某种变量的变化究竟受到哪些因素的影响，多种因素的变化对变量的影响程度如何以及这些影响因素将会发生怎样的变化等。

2. 文创产品调查计划的制订

文创产品调查主题与调查目的确定之后，市场营销调研人员就应当准备一份专门的调查计划。文创产品调查计划的内容包括资料来源、调查对象、调查方法等项目。

（1）确定文创调查资料来源

文创产品调查计划必须考虑资料来源的选择。调查资料按其来源分类，可分为第一手资料和第二手资料。

第一手资料指为了调查目的采集的原始资料。大部分市场营销调研项目都需要采集第一手资料。采集第一手资料的费用一般比较高，但是得到的资料通常与需要解决的问题关系更为密切，第一手资料常常来自实地考察和深度访谈等。

第二手资料指为了调查目的而采集的已有资料。文创产品市场调查人员常常以查阅二手资料的方式开始调查工作。与收集第一手资料相比，收集第二手资料的费用通常要低得多。但是文创产品市场调查通常以第一手资料为主，博物馆文创侧重文物、典籍、历史等资料的梳理；旅游景区侧重对地域文化、景观特色、民俗文化等资料梳理。

（2）确定文创市场调查对象

根据文创产品市场调查对象的范围大小，市场营销调研可以分为普遍调查和抽样调查两大类。

普遍调查可以获得全面的统计数字，但是实施起来费时费力，成本太高，通常只是由政府机构为了某些特定的目的才采用，如人口普查、经济普查等，在文创产品市场营销调研中则极少使用普遍调查。抽样调查是对调查对象总体中的若干个体进行调查，文创产品市场营销调研通常采用抽样调查的方法。抽样调查的种类很多，一般可分为非随机抽样调查和随机抽样调查两大类。非随机抽样调查的样本是由调查者凭经验主观选定，因而，选取的样本能否代表调查的总体取决于调查者的经验与判断，容易受到调查者主观意识的影响，使得调查结果误差较大，不能正确地反映调查对象总体的实际情况。如果调查人员经验丰富，有时非随机抽样调查也不失为一种简便的抽样调查方法。

随机抽样调查是根据随机原则，从调查总体中选取一部分调查对象作为调查样本，用样本数据推算总体的一种调查方法。根据随机原则抽样，可以排除抽样时主观意识的干扰，使总体中每一个个体被抽取的机会都是均等的，从而保证样本对总体的代表性。这样，就以根据抽样调查的结果来推算总体的情况。由于随机抽样的特点和优越性，它在市场营销和设计调研中被广泛运用。

根据抽样技术的差别，主要有随机抽样和非随机抽样方式。

随机抽样。随机抽样即样本的确定不受人们主观意志所支配，而是采取一定的统计方法进行抽取，总体中的每一个个体被抽取的机会都是等同的。具体的随机抽样方法有以下几种：一是单纯随机抽样法。将总体中的每一个个体随意地标上不同编号，然后随机地抽取样本进行调查。二是系统抽样法。将个体按序（如按收入的高低等）编号；然后按等间隔抽取代表各种特征的样本进行调查。三是分层随机抽样法。按照不同特征进行分类，然后随机分层抽样并调查。四是分群随机抽样法。将调查总体分成若干个区域（群），然后选择一群或数群，在其中运用分层抽样或单纯随机抽样法进行调查。

非随机抽样。非随机抽样法抽取的样本往往受调查者主观因素的影响，抽样方法主要有以下几种：一是便利抽样法。样本的选择完全按调查人员的方便而定。二是判断抽样法。调查者根据经验来确定调查对象。三是配额抽样法。调查者根据项目需要，确定各类调查对象的比重，然后按数额来进行抽样。

3. 文创产品调查方法的确定

在文创产品市场调查中，对数据资料的采集可以借助以下几种较为常用的调查方法：深度访谈法、人员直接观察法、问卷法。

（1）深度访谈法

深度访谈法又称临床式无结构访问，即由训练有素、沟通技能较强的文创市场调查员直接与被调查者进行面对面的询问及讨论，以了解调查对象对某些问题的情感、动机、态度、观点等。深度访谈法是定性研究中经常采用的资料收集方法之一，主要是利用访谈者与受访者之间的口语交流，实现意见的交换，但是也要注意访谈技巧。

①深度访谈的优点

A. 灵活、细致。由调查人员提出的多个可自由讨论的问题，便于对复杂的问题进行详细的讨论。

B. 沟通性较强。一对一的良好的沟通气氛，可缓解因调查内容产生的紧张情绪，可以获得更深层次的洞察。

C. 减少语意表达的失误，确保被访对象能明确无误地理解问题的含义。

D. 调查人员易作可信度评估，辨别其回答的真实程度。

②深度访谈的缺点

A. 受调查人员的素质影响，调查质量很大程度上依赖于调查人员的沟通能力和访谈技巧。

B. 统计汇总和数据处理较困难，需要专业分析人员进一步归纳和判断。

C. 时间长、费用高，实地调研中深度访谈的样本量通常有限。

③深度访谈的调研流程

A. 确定访谈对象和准备记录工具；

B. 准备背景资料和询问提纲；

C. 自我介绍并说明访谈目的；

D. 控制和引导被访对象；

E. 整理和统计分析。

调研完成后，调查人员要及时整理调查笔记，检视、补记遗漏的项目。完成调查后，通过统计分析找到需求，以便进行下一步工作。

④深度访谈的操作技巧

注意访谈场所和仪表举止要求。尽可能选择环境比较和谐宁静的空间访谈。调查人员是公司形象的代表，在被访谈对象面前应表现出良好的修养与个人素质。调查人员穿着力求清洁简朴，目光温和，平视对方，不可盯视对方或左顾右盼。语言表达要清晰、准确，提问简单明了。言谈友善谦和，耐心倾听并鼓励被访对象表达自己的观点。

（2）人员直接观察法

观察法是一种单向调查法，主要是由市场调查人员通过直接观察人们的行为，进行实地记录，从而获得所需资料。人员直接观察根据其具体操作方式，可分为单向观察、行动跟踪等形式，操作较为简便，但是需要观察人员具有较强的洞察能力。比如，在具有某地风情的特色景区，通过对观光人群的出行方式、购买行为、市场产品现状等进行直接观察，可对典型人群、产品现状等进行简单描述和分类，后续可结合其他调研方式，得到更为全面和详尽的调查报告，以便后续的设计创作和营销。

①单向观察

单向观察是调查人员通过单向镜，了解特定场景下受众的言行和表情。其关键是必须始终使被调查对象处于不对该实验知觉的状态，以得到真实洞察。

文创产品调研需要观察受众使用文创产品和服务的过程。观察受众使用文创产品的习惯，在使用过程中会出现哪些痛点，从而找到文创产品改良创新的机会。

受众体验标准调研需要观察受众的询问内容与顺序。调查人员用"蹲守"或角色扮演的方式，记录受众客群咨询哪些问题、询问这些问题的顺序等，从而分析出各种类型受众的产品体验。

②行动跟踪

调查人员在旅游景区和博物馆等，可通过游客的行动路线分析游客的兴趣点，重点关注游客停留时的接触点，进行针对性的文创设计。

（3）问卷法

问卷法是定量研究的常用方法之一，是调查者匿名了解情况征询意见的调查方法。问卷包含一系列开放式和封闭式的问题，分别要求被调查者做判断并写出相应的答案。

问卷的调查方法运用的技巧关键在于问卷的设计、调查对象的选择和环境控制三点。

首先，问卷设计需要把握调查对象的心理特征，遵循一定的心理顺序，以防受访者感到不舒服；其次，了解调查对象对问卷语境的理解能力、调查对象选择是否准确、问卷的问题设置是否能够洞察调查对象动机，调查人员应做好事前预判；最后，为适应不同受众和环境，应设置好问卷的层级和逻辑，避免调查对象过于单一，以便得到不同层次人群的需求数据。

问卷调查法的优势是成本低、数量大、能够较快地得到反馈。在互联网时代，在线问卷也提供了许多便利，受到的限制也会更少。

4. 实施文创市场调查计划

实施文创市场调查计划包括两个步骤：文创市场数据资料的收集；文创数据资料加工处理和分析。

（1）数据资料的收集

文创团队的领导者要时刻注意经常调查，防止调查中出现偏差，以确保调查计划的实施。比如，在进行观察法调查时，要防止调查人员出现遗漏信息等差错；在进行询问法调查时，要防止调查人员有意或无意地诱导调查对象作带有倾向性的、不诚实的回答，要协助解决可能发生的调查对象拒绝合作等问题；在进行实验法调查时，要正确控制实验条件，保证获得的实验结果的客观性和可靠性。

（2）数据资料的加工处理和分析

对收集到的数据资料必须经过科学的加工处理，才能做到去伪存真、去粗存精。数据资料的处理包括对调查资料的分类、综合与整理。数据资料加工处理中的关键是保证信息的准确性与完整性。

调查资料经过加工处理后，就可以对它进行分析，以获得调查结论。依资料分析的性质不同，可以有定性分析与定量分析；依资料分析的方式不同，可以有经验分析与数学分析。当前的趋势是，越来越多的企业借助数学分析方法对调查资料进行定量分析。

利用先进的统计学方法和决策数学模型，辅之以经验分析与判断，可以较好地保证调查分析的科学性和正确性。

5. 提出文创市场调查报告

在对文创市场调查资料分析处理的基础上，调查人员必须得出调查结论，并以调查报告的形式总结汇报文创市场调查结果。通过调查报告可以初步了解文创市场发展现状，从而根据市场提出设计策略和解决方案，调查报告对于决策人员、文创设计师、营销人员等都具有重要的参考价值。

二、文创产品受众行为分析与用户画像

（一）文创产品受众行为分析

1. 文创产品受众行为分析的主要内容

从心理学角度分析人的动机、感觉、学习、态度和个性，帮助营销者了解购买者的购买心理活动及其对购买行为的影响。

（1）从社会角度研究分析社会阶层、家庭结构、相关群体等对于购买者行为的影响。

（2）从传播学角度研究分析购买者如何收集产品信息、收集信息的渠道，以及他们对产品宣传的反应等。

（3）从经济学角度研究分析购买者经济状况如何影响购买者的产品选择、费用开支，以及如何作出购买决策，以获得最大的满足。

（4）从文化人类学角度研究分析人类的传统文化、价值观念、信仰和风俗习惯等对购买者行为的影响。

2. 文创产品市场及受众购买行为分析

文创产品市场也被称作文化受众最终市场。这个市场的顾客，是广大关注文化的受众，购买的目的是满足个人或家庭的文化生活需要，没有营利性动机。文创产品受众的特点，决定了受众市场的特征。

（1）市场广阔，购买人群常较为集中，如博物馆、旅游景点等。

（2）市场需求弹性较大。文创市场的产品种类繁多，常针对受众进行高、中、低档分层分析。

（3）专家购买。文创产品市场的购买者大多数具备一定的文化认知。

（4）购买时。在乎情感和印象，因此，他们的购买决定容易受文创宣传、文化情景空间和服务等的影响。

（5）除少数高档耐用文创产品外，一般不要求技术服务。

3. 文创产品受众购买行为模式

文创产品受众购买行为十分复杂，是受众在购买文创产品或服务过程中会发生的一系列行为反应。它是一个行为过程系统，此系统一般包括六个要素，即"5W1H"——谁买（Who），买什么（What），为什么买（Why），什么时候买（When），什么地点买（Where），如何买（How）。

文创产品受众购买过程中所发生的一系列行为反应犹如一只"黑箱"，看不见，摸不清。外部刺激经过"黑箱"产生反应后，引起行为。因此，受众购买行为是"刺激—反应（S—R）"的行为。

购买者外界的刺激包括两类：一类是营销刺激，主要是指企业营销活动的各种可控因素，即"4Ps"——产品（Product）、价格（Price）、分销（Place）和促销（Promotion）；另一类是其他刺激，主要指受众所处的环境因素，如政治、经济、文化、技术等的影响，这些刺激通过购买者的"黑箱"，即心理活动过程产生一系列反应，就是购买行为，文创产品购买受文化的刺激因素较大。

刺激和反应之间的购买者黑箱包括两个部分：第一部分是购买者的特性。购买者特性主要包括影响购买者的社会、文化、个人和心理因素。这些因素会影响购买者对刺激的理解反应，不同特性的受众对同一种刺激会产生不同的理解和反应。第二部分是购买者的决策过程，具体包括确认需要、收集信息、比较挑选、决定购买、购后感受五个阶段。这会导致购买者的各种选择，并直接影响最后的结果。

4. 影响文创产品受众购买行为的因素

受众的购买行为取决于他们的需要和欲望，而人们的需要和欲望以及消费习惯和行为，是在多种因素的影响下形成的。这些因素主要包括受众个人的内在因素，如受众个人特征和心理因素；也包括其外在因素，如文化因素、社会因素等。

这些因素大多数是营销人员无法控制，但又必须加以考虑的影响因素。

（1）文创产品受众个体特征

个体的某些特征会对购买行为产生影响，特别是购买者的年龄、经济能力、职业、生活方式和个性，这些特征值得企业加以重视。个体特征不同，购买方式、品类、动机也各不相同，如从年龄来看，儿童喜欢玩具、文具等商品，老人则注重养生；从职业来看，教师更关注具有文化内涵的产品，设计师喜欢具有设计感的商品；从经济能力来看，高收入群体消费能力强，喜欢艺术品位高、能够代表身份的产品，低收入群体则较关注实用型产品。文创产品设计师对受众个体进行分析，根据个体的行为特征，能够更准确地选择产品品类作为文创的产品的载体。如湖南省博物馆根据受众特征设计出了针对中老年群体的养生产品，青年群体的护肤产品，儿童群体的玩具拼图等趣味产品。

（2）文创产品受众的心理因素

西方心理学者曾提出一些不同的人类动机理论，对受众行为分析和市场营销的策略有一定的参考价值，其中，最为流行的人本主义哲学家马斯洛的"需求层次"理论。马斯洛按需要的重要程度排列，把人类的需要分为五个层次：生理的需求、安全的需求、社会的需求、尊重的需求和自我的需求，如图 2-3-1 所示。值得注意的是，由于文创产品的情感溢价，往往能够满足受众更高层次的需求。

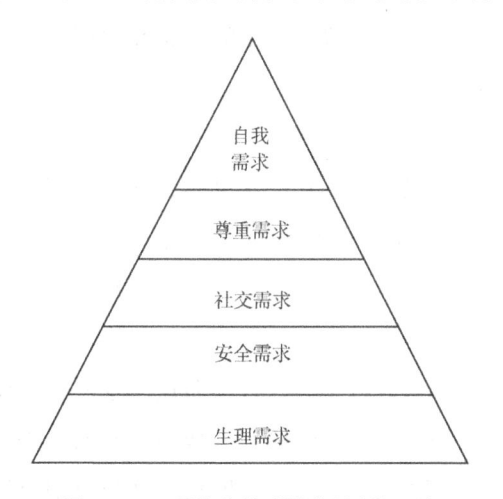

图 2-3-1 马斯洛的"需求层次"理论

①生理需求

包括饥饿、渴等衣、食、住、行方面的需求，是人最基本、最重要的需求。

②安全需求

主要是为保障人身安全和生活稳定，表现形式为医疗保健、卫生、保险等需要。

③社会需求

包括感情、合群、爱和被爱等需求；希望被群体承认或接纳，能给别人爱和友谊等需要。

④尊重需求

自尊和被别人尊重的需要，包括威望、成就、名誉、地位和权力等需要。

⑤自我需求

这是最高层次的需求，它是指希望充分发挥个人的能力及获得成就的需要。

马斯洛的"需求层次"理论的核心是：人类具有不同层次需求和欲望，随时有待满足。

（3）影响受众的文化因素

文化是影响人们需求与购买行为的最重要因素。文化是相对于经济、政治而言的人类全部精神活动及其产品。人们的行为大部分是经后天学习而形成的，在一定的文化环境中成长，自然形成了一定的观念和习惯。文化主要包括亚文化和社会阶层两方面的内容。

①亚文化

任何文化都包含着一些较小的亚文化群体，它们以特定的认同感和社会影响力将各成员联系在一起，使这一群体持有特定的价值观念、生活格调与行为方式。亚文化群体主要包括民族群体、宗教群体、种族群体和地理区域群体。

②社会阶层

每一类型的社会中都有各种不同的社会阶层。这些社会阶层有其相对的同质性和持久性，它们按等级排列，每一阶层的成员都具有类似的兴趣、价值观和行为方式。个人能够改变自己的社会阶层，既可以晋升到更高阶层，也可能下降到较低的阶层。

（4）社会因素

消费行为不但受广泛的文化因素影响，同时也受社会因素的影响。社会因素是指受众周围的人对他（她）所产生的影响，其中，以受到相关群体、家庭、社会角色和地位的影响最为重要。

①相关群体

所谓相关群体，就是能直接或间接影响人们态度、行为和价值观的群体。即人们所属并且相互影响的群体。对受到相关群体影响比较大的产品和品牌的生产企业来说，重要的工作便是如何找出该群体的"意见领袖"。

②家庭

购买者的家庭成员对购买者的行为影响很大。每个人都会受双亲直接教导或潜移默化获得许多心智倾向和知识、价值观等。部分认知则是来自自己的配偶和子女。家庭组织是文创产品最重要的购买单位。

③角色和地位

角色是指一个人在不同场合中的身份。人在不同群体中的位置可用角色和地位来确定这些都会影响其购买行为。

5. 文创产品受众购买行为的决策过程

文创产品受众购买行为决策过程是程序过程和心理过程的统一。受众购买行为的程序过程是受众外在购买行为的表现。购买行为的心理过程是受众内在的行为推动，两者共同体现在购买行为决策过程中。

（1）文创产品受众购买行为的程序过程

受众购买行为的程序过程是指受众购买行为中言行举止发展的事物顺序。它包括问题认识阶段、信息调研阶段、选择评价阶段、购买决策阶段和购后评价阶段。值得注意的是，消费者对于文化的考虑贯穿整个购买行为过程。

（2）文创产品受众购买行为的心理过程

文创产品受众购买行为的心理过程是指受众购买行为中心理活动的全部发展过程，是受众不同的心理现象对客观现实的动态反映。这一过程与上述购买行为的程序过程平行发展，一般分为六个阶段，即认识阶段、知识阶段、评定阶段、信任阶段、行动阶段和体验阶段。这六个变化阶段，可以概括为三种心理过程，即认识过程、情绪过程和意志过程。

(二)文创产品用户画像

用户画像又称为用户角色，它是建立在一系列真实数据之上的目标用户模型，能够完美诠释一个用户的信息全貌。交互设计之父，库珀设计公司总裁艾伦·库珀在IDEO设计公司工作期间，最早提出了"人物角色"的概念。为了让产品开发不是因个人的喜好而定，于是将焦点关注在目标用户的动机和行为上，库珀认为需要建立一个真实用户的虚拟代表，即在深刻理解真实数据（性别、年龄、家庭状况、收入、工作、用户场景/活动、目标/动机等）的基础上"画出"一个虚拟用户。

文创产品用户画像需要坚持三个原则，分别是以人口属性和信用信息为主，强相关信息为主，定性数据为主。用户画像和用户分析时，需要考虑强相关信息，不要考虑弱相关信息，这是用户画像的一个原则。用户画像要从实用角度出发，可以将用户画像信息分成五类信息：人口属性、信用属性、消费特征、兴趣爱好，社交属性。它们基本覆盖了业务需求所需要的强相关信息，结合外部场景数据将会产生巨大的商业价值。它是根据用户社会属性、生活习惯和消费行为等信息，而抽象出的一个标签化的用户模型。构建用户画像的核心工作是给用户贴"标签"，即通过对用户信息分析而来的精炼的特征标识。利用用户画像不仅可以做到产品与服务的"对位销售"，而且可以针对目标用户进行产品开发或者服务设计，做到按需量产、私人定制，构建企业发展的战略。

建立用户画像的方法主要是调研，包括定量和定性分析。在产品策划阶段，由于没有数据参考，可以先从定性角度入手收集数据。如可以通过用户访谈的样本来创建最初的用户画像（定性），后期再通过定量研究对所得到的用户画像进行验证。用户画像可以通过贴纸墙归类的方法和图示化来逐渐清晰化。首先，可以将收集到的各种关键信息做成卡片，请设计团队共同讨论和补充。其次，在墙上将类似或相关的卡片贴在一起，对几组卡片进行描述，并利用不同颜色的便利贴进行标记和归纳。再次，根据目标用户的特征、行为和观点的差异，将他们区分为不同的类型，每种类型中抽取出典型特征，赋予名字、一张照片、一些人口统计学要素和场景等描述，最终就形成了一个用户画像。如针对旅游行业不同人群的特点，其用户画像就应该包括游客（团队或散客）、领队（导游）和利益相关方（旅游纪念品店、景区餐馆、旅店老板等）。用户画像需要具体细分到某一类人群才会更有价值，比如老师、学生、企业主等。

腾讯CDC公益团队在进行服务设计的用户研究中就将游客、当地农民和城镇青年的不同诉求归纳成三类用户画像。他们还结合了真实的调研数据，将用户群的典型特征加入用户画像中。与此同时，调研团队还在用户画像中加入描述性的元素和场景描述，如，愿景、期望、痛点的情景描述。由此，让用户画像更加丰满和真实，也更容易记忆并形成团队的工作目标。用户画像制作中需要注意的问题如下：第一，要建立在真实的数据之上。第二，当有多个用户画像的时候，需要考虑用户画像的优先级。如果为几个用户画像设计产品，往往容易产生需求冲突。第三，用户画像是处在不断修正中的。随着调研的深入，会有更清晰准确的用户定位。

三、文创产品定位与头脑风暴

（一）文创产品定位

文创产品定位是指文创产品在未来潜在顾客心目中占有的位置。文创设计定位是在文创产品设计过程中，运用商业化思维分析市场需求，为新的设计设定一个比较合适的方向，让产品在未来市场上具有足够的竞争力。这也是设计师在正式开始设计之前提出问题和分析问题的一个过程。设计定位的正确与否直接关系到设计的最终成败，产品设计定位要在市场调研和分析的基础上进行，如果没有明确的设计定位，设计师的思路就会任意发挥，从而会失去产品设计的方向和目标，使设计师无法解决产品设计中的关键问题。

文创产品设计定位是进行文创造型设计的前提和基础，在整个文创产品开发设计议程中，起着引领方向和目标的作用，所以要先确定定位。但是，设计定位是一个理论上的总要求，主要是原则性、方向性的，甚至可能是抽象性的。在设计师创作之初，创意总是发散性的、灵活的、不确定的。因此，设计的定位点也就呈现出多种类、多样化的特点。设计过程是一个思维跳跃和流动的动态过程，是一个反复的、螺旋上升的过程。所以，设计目标设定的本身就是一个不断追求最佳点的过程，也是设定产品开发的战略方针。

所谓最佳设计点，是在设计师与受众之间寻求的一种平衡，指既能满足受众需求，又能兼顾设计师的创意的结合点。追求设计目标的最佳点，应集多种条件和基本元素为基点，在这个基础上进行定性定量的分析，根据这些目标反推确立设计定位，这种过程是追求设计目标最佳定位的开发战略，设计定位的最终目的是确定一个合适的产品设计方向，也可以作为检验设计是否成功的标准。设计师在设计中常用的设计定位有如下几种：

1. 文创产品人群定位

在文创产品开发设计中，产品使用的目标人群是一个首先要确定问题。这个产品为谁而设计？性别、年龄、收入等问题必须清晰，找对目标消费群对于确定产品的使用功能来说至关重要。一切的销售行为都针对目标消费群，一旦目标消费群出现错位，就会导致"事倍功半"的局面。例如，在日本经济学家提出的"猫咪经济学"里，以"猫"为代表的周边，往往备受青睐。

2. 文创产品价格定位

现在绝大部分受众对产品的消费都比较理智，他们希望能够买到"物有所值"的，甚至"物超所值"的商品，而文创产品因其情感溢价所带来的附加价值比较多，价格定位也显得尤其重要。价格定位就是依据产品的价格特征，把产品价格确定在某一个区间，在顾客心目中建立一种价格类别的形象。因此，产品的定位不能单纯地划分为低档、中档、高档，而要做好充分的调研工作，全盘考虑。

3. 文创产品功能定位

所谓功能定位就是指在目标市场选择和市场定位的基础上，根据潜在的目标受众需求的特征，结合产品的特点，对拟设计的产品应具备的基本功能和辅助功能作具体规定的过程。要避免设计"同质化"。凭借文创产品所具备的独特功能，抢占受众大脑里的"功能"专区，明确地告诉受众该款产品能干什么？在生活中能起到什么作用或怎样改变了人们的生活方式。

文创产品使用功能定位并不是一个笼统的概念，而是要满足消费市场一个比较具体化的需求，具备实用价值的文创产品往往更受青睐。比如，受众购买雨伞时对产品使用功能定位，要根据人的需求情况，在诸如时尚、挡雨遮阳、轻便、牢固以及是否具有防止刮伤等安全功能上进行斟酌。不同受众对上述使用功能消费有着不同的侧重点，从而形成不同的消费利益群体，针对各种特殊的不同利益群体，最大限度地满足市场各类顾客利益的需要，从而赢得最大的市场销售份额。

（二）文创产品开发中的头脑风暴

头脑风暴法又称智力激励法，是在文创产品设计过程中进行设计内容思考时最为常见的一种方式。它是指以会议的方式，在一群人中，围绕某一特定的主题，通过集体讨论发言的形式互相交流，让学习者的思维之间互相撞击、互相启发、弥补知识漏洞，建立发散思维，引起创造性设想的连锁反应，从而获得众多解决问题的方法。

此法易于突破常规思维，最初是用在广告的创造性设计活动中，取得了显著的成效，被称为创造力开发史上的重大里程碑。这一发明，引起全世界的有关学者的兴趣，并激起了开发创造力的热潮。目前，头脑风暴法作为一种创造性的思维方法，在预测、规划、社会问题处理、技术革新以及决策等许多领域中得到广泛的应用，渐趋普及。

1. 文创产品开发中头脑风暴的原则

运用头脑风暴的思维方法，可以在短时间内集众人智慧，获得比较多的新颖的点子，从而进一步得到解决问题的方法。头脑风暴法要取得成功，在探讨方式，心态上的转变，需要有非评价性的、无偏见的交流，具体而言，需要遵循以下几点原则：

（1）思维开放畅想原则

自由畅想原则提倡求新、求异、求奇。参加者不应该受任何条条框框和传统思维的限制，克服思维上的惯性，尽可能地放松思想，突破自己知识体系。在思考过程中要求从不同维度、不同层次、不同方位，大胆地展开想象，提出独到的见解和想法。有些想法看似天马行空，但是有时候通过整合或转化改良，正是这些超乎预计的想象带来新的设计方向。

（2）延迟评判原则

任何想法都是有价值的想法，在进行头脑风暴时，必须坚持不对任何设想作评价的原则，提出的设想不分好坏，需要一律记录下来。充分肯定设计者的每一个想法，不进行任何消极的评价，避免打断创造性构思过程。评价和判断都要延迟到头脑风暴出点子阶段结束以后才能进行。这样做，一方面是可以防止约束和抑制参与者的积极思维；另一方面是可以集中精力先开发设想，产生更多的创意点，避免把应该在后阶段做的工作提前进行，阻碍创造性设想的大量产生。发言者习惯于用一些自谦或相互讽刺挖苦之词,这些自我批评和相互评判性质的说法往往会破坏头脑风暴的思维环境,影响到自由畅想。

(3)追求数量优先原则

头脑风暴的目标是在有限的时间里获得尽可能多的设想,设计师自己应提出更多的设想,同时,鼓励结合他人的设想提出新设想,追求数量是头脑风暴的首要任务之一。这是因为只有一定的数量产生,才能保证一定的质量。参加会议的每个人都要抓紧时间多思考,多提设想。至于设想的质量问题,自可留到会后的设想处理阶段去解决。在某种意义上,设想的质量和数量密切相关,产生的设想越多,其中的创造性设想就可能越多。

(4)相互综合完善原则

头脑风暴提出的设想应及时记录下来,不放过任何一个设想,以便后续设计阶段的提取和发散。头脑风暴集中提出设想的阶段结束后,大家一起协商并将所有人的想法进行资源整合。

2. 文创产品开发中头脑风暴实施程序

头脑风暴是一种发散性的思维方式,但是在文创产品开发中具体实施时,需要遵循一个非常完整的程序。从准备阶段,到想法的发现,都会有大量的点子产生,再到最后的综合完善,每一个阶段都非常重要。在实施头脑风暴程序时,应按照以下顺序进行:

(1)"热身"准备阶段

人的大脑不是一下子就可以发动起来,并迅速投入高度紧张的工作的,它需要一个逐步"升温"的过程。在头脑风暴开始之前,人们的注意力往往比较散漫,需要经过一个准备阶段的调整。领导者可以将大家直接或间接地带入一些有助于热身和放松心身的小游戏,也可以通过讲幽默故事或适当提出一两个与会议主题关系不大的小问题的形式,将头脑风暴的环境调整到最佳状态。让大家身心得到放松非常关键,甚至直接影响到后续的思维激荡的发散效果,只有在非常惬意、自由的情况下,才能最大限度地帮助设计师展开思路,促使设计师积极思考并畅所欲言地说出自己的意见。

(2)提出明确主题

确定欲解决的问题,若解决的问题涉及的面很广或包含的因素太多,就应该把问题分解为若干单一明确的子问题，一次头脑风暴最好只解决一个子问题。由领导者介绍问题，一起讨论问题的核心，可以在头脑风暴进行有针对性的思维发散。领导者介绍问题应简明扼要，不给问题设限，留给设计师较为宽泛的思维空间，利于后期的思维碰撞的广度和深度。在提出问题时，应从多维度、多侧面剖析，从多方面提出问题，注意表达问题的技巧，领导者的发言应注重问题的启发性。

（3）畅所欲言阶段

畅所欲言是思维发散阶段，设计师团队各成员之间最好能够形成思维互补、情绪激励，充分利用联想、想象和夸张等思维方式，达到创造思维的最佳状态。

在畅想阶段，各成员之间不能相互攀谈，应该独立思考，不受他人思维的限制和影响。在方案讨论阶段，各成员之间应该畅所欲言，提出自己在畅想阶段的大量设想，领导者也应适时引导和组织，但是不加以限制。

（4）方案完善确定

在畅想阶段所得到的结果往往是没有经过深入思考的一些想法，也没有经过一些维度的探究。在方案完善确定阶段，大家可根据已有的想法，互相提出之前可能没有想到的设想，进一步增加更多的想法，然后再进行评价筛选。在筛选时可将设想进行分类，如将明显可行的好点子归为一类，明显不可行的、脱离了维度限制的归为一类，最终经过群体智慧的讨论决定取舍。最后，按照综合要素评价选择最优的几个方案进行进一步讨论和完善，从而得到最佳方案。

头脑风暴可根据实际情况进行程序的调整，比如，有时因为时间等因素需要维度限制，但最终目的是最大限度地获得更多的想法。有时一次头脑风暴并不能得到自己满意或数量足够的方案，可根据实际情况进行多次头脑风暴，但每次头脑风暴时间间隔不应过于集中。

四、文创设计草图表现与效果图表现

（一）文创产品三维表现技巧

1. 文创产品设计草图

（1）草图分类

文创产品设计效果图，在产品设计过程的各个不同阶段表现的方式也是不一样的，根据在实际设计当中的草图表现，可分为概念草图、形态草图和结构草图三种形式。

①文创产品概念草图

文创产品概念草图是设计师对造型感觉的整体感知和最初思考方向，它是设计师表达概念想法的最简单的草图，是一种比较简化的图形表达方式。一般情况下，此类草图更在于概念形成过程中，思维的完整体现，其内涵是通过草图形式展开创意思维，研究形态演变过程，进行产品形态的发想。此类草图只要自己能够理解就可以，没有必要向他人传达。设计师在最初阶段思考多种造型设计的方向时，需要迅速捕捉头脑中潜意识的设计形态构思，无须过多考虑细部造型处理、色彩、结构、质感等细节。因此，在表现技法和材料的选择上没有特别要求，铅笔、圆珠笔、签字笔、马克笔均可。

②文创产品形态草图

所谓形态的草图描绘即是设计师用可视的绘画语言来粗略勾画，它是具体准确表达文创产品设计方案的草图。这种草图可以有局部的变化，以便选择理想的设计方案。形态草图可借助马克笔、水彩、色粉等工具表达。

③文创产品结构草图

其主要目的是为了找出结构与造型、结构与功能的内在联系，以至于更好地理解、分析产品结构。

（2）文创产品草图的表现技巧及方法

文创产品设计草图表现要求在较短的时间内表达一定的主题和内容，是对整体效果和感觉的记录，无须太多深入的细节刻画。草图表现是产品设计创意呈现的最重要的方式之一，最终的目的是要将创意构思转化为落地的产品，在进行产品草图绘制时需要考虑其特殊的要求，如工艺、材料、功能、人机关系等，力求清晰地表现自己的设计想法，是一种较为理性的表现方式。因此，在产品设计表现中，不需要像绘画那样追求所谓的错落有致，如飞笔、顿笔或颤笔等表现符号。产品设计表现上，行笔要有光滑流畅感，展现出产品的形态、肌理、材质效果等。

（3）产品设计透视图

"透视"意为"看透""透而视之"，是指在平面或曲面上描绘物体的空间关系的方法或技术。产品设计中使用的透视法，是一种把映入人们眼帘的三维世界，在二维的平面上加以表现的方法。由于产品设计要求在有限的时间内，不断深化和完善创意构思，对透视精确度要求不高，因此，在快速表现时，无须进行严格的透视作图，但是心中必须要有透视的概念，需要了解和熟悉透视作图的基本原理和基本方法。通过比较多的透视图练习，设计师一般能够较好地掌握透视变化规律和选择表现产品的透视角度和透视方向。

①产品设计表现透视理论的一般规律

近大远小：产品存在等长的线条时，远处长，近处短。产品的大小、线的粗细、色彩明度、纯度等都会因视距的变化而变化。

近实远虚：是指因视觉透视形成的近处物象实，远处虚的现象。在产品手绘中表现为线的深浅、冷暖变化、明暗对比强弱等。

产品透视图视平线的高低：视平线是指与眼睛等高，呈现在眼前的一条水平横线。可根据产品主要形态特征和主操作面的位置来确定，以三个观察面为佳。

一般来说，透视的类型透视从总体上可分为两种：焦点透视和散点透视。其中，焦点透视又可以分为一点透视、两点透视和三点透现。其中，三点透视在表现与人体尺度差别巨大的物体时最常用，如，在建筑设计中，但是在产品设计中一般较少有如此尺寸的物体。一点透视和两点透视在产品设计表现中最为常用。

② 一点透视

一点透视又称平行透视，在其透视结构中，只有一个透视消失点。正立面为比例绘制，没有透视变化，适合表现一些主特征面和功能面均设置在正立面的产品，如电视机、仪表等。

③ 两点透视

当物体的一个面和画面成角时，其物体在画面的透视为成角透视，也称两点透视。透视线消失于视平线心点两侧的灭点，适合表现大多数产品。

④ 视角

我们一般把视角分成两种：一种是物体的摆放角度，另一种是我们的观察角度。在这里主要是指观察产品时的角度，即视线与产品所在平面所成的角度。一般来说，视角的选取应满足以下两个方面：

一是，必须能够最大限度地展现设计构思及产品的主要特征和细节。

二是，必须有助于确定产品的比例尺度。产品的比例尺度由视线或地平线的位置，以及平行线收敛速度所决定。对大的产品观察的视线会比较低，而对较小的产品一般都会从上面观察。必须引起观者的兴趣，使产品的主特征面和功能面占据主要的画面。

此外，表现图的大小也要非常注意，一开始接触产品设计快速表现时，由于比较生疏，常习惯用手腕带动手来画图，往往会显得比较拘谨，画得比较小，应该逐渐熟悉用整个前臂带动手来完成设计表现。对于构思草图，在一张A4纸面上有两至三个草图即可。

⑤ 构图

构图指的是运用设计原理，将艺术要素有序地布局在画面上，设计师在有限的空间和平面内，需要对自己所要表现的形象进行有序的组织，形成整个空间和平面的特定结构。众所周知，设计艺术作品必须具备形式美，从而满足人们的审美需求，而构图形式正是从最基本的方面直接关系到作品的形式美。在方案汇报或参加比赛时，完整的设计快速表现图可以提升作品的"气质"，参加正式的设计方案讨论和评审会也会更容易得到认可。为了使作品获得良好的展示效果，作品的构图和布局是需要认真考虑的。另外，恰当的图标和合理的指示箭头等元素的安排，都会使表现效果更饱满生动，潇洒的签名也能体现出设计师的自信。

2. 文创产品工程制图

在文创产品实际设计过程中，文创产品设计被分为迥然不同的两种程序：一种是工业设计师根据结构工程师设计的产品内部机芯的原理结构图及零部件，合理地安排产品各部件之间的关系，由产品内部出发进行设计；另外一种是由产品设计师首先完成产品的形态设计，然后再由结构工程师依据产品的外观造型来设计内部结构，这是一种由产品外部出发进行的设计，这种程序多用于内部结构原理简单的产品。设计师必须了解基本的工程技术语言，了解制图的基本知识，掌握制图的基本技能，了解制图的国家标准和规范，并且能够准确识别和读取制图信息等。

在文创产品工程制图中，通常较为简单的产品设计制图是指产品的三面投影图，也叫三视图——主视图、俯视图、侧视图。

设计制图是产品设计师创意表达的最后阶段，它联系设计与生产，是把二维设计具体化的必要手段，它为工程结构设计、外观造型加工提供了数据支持，是设计表达不可逾越的阶段。另外，产品工程图也是产品设计表达视觉语言的主要构成，是产品设计师和结构工程师的交流语言。

3. 文创产品建模效果图

文创产品效果图应能清晰、准确地表达产品的造型、色彩、结构、材质，甚至功能。在经过对诸多草图方案及方案变体的初步评价与筛选之后，提（选）出的几个可行性较强的方案，需要在更为严格的限制条件下进行深化。这时候，设计师必须学会严谨、理性地综合考虑各种具体的制约因素，其中包括比例尺度。在现今的产品设计中，借助于各种二维绘图软件及数位绘图板、计算机辅助设计建模工具是较为常见的形式，计算机辅助设计具有手绘代替不了的优势，它能够有效传达设计预想的真实效果，为下一步进行研讨与实体产品制作奠定基础。

（1）计算机建模

计算机建模是一个使平面化表达变成立体化表达的过程，这样使其更加直观地表达设计师的创意。建模过程也是一个调整过程，在草图设计中，尺寸概念很模糊，难免会有一些出入，建模时可以根据参数进行调整，完善产品的合理性和完整性。

在建模的整个过程中，细节处理也相当重要，产品的细节表现得越丰富，越能够展现产品的真实性，比如，边缘的一个小倒角、壳体之间的装饰缝、小图标等。

（2）文创产品的渲染

有一个说法是"三分设计，七分渲染"，当然这种说法有失全面、客观，但是在一定程度上说明了真实的渲染效果具有很强的说服力。产品的渲染可以使作品看起来更完整，更接近商业的水准，渲染出来的产品一定要像个真实的产品，目的是让客户能感觉到它的真实存在。

文创产品的渲染有三个要素：光影（表现产品的细节）、材质（表现产品的质感）、配色（表现产品层次感官）。在渲染的过程中，需要不厌其烦地调整和反复尝试，一定要掌握和领悟这三个要素，以得到最佳的渲染效果。

（3）文创产品的效果图处理

效果图处理这一步骤是为了弥补渲染效果的不足和补充。在渲染的过程中，产品的细节和渲染的三要素（光影、材质、色彩）不可能做到尽善尽美，需要用平面软件进行完善，一般使用 PS 进行一下处理，如增添标志、优化肌理效果等。

（二）平面作品表现技巧

1. 视觉元素的提取与转换

（1）概念与符号

所有的设计都是从概念开始的。从概念产生的第一刻起，直至作品的最后完成，设计师要作一系列决策，其中包括图形形状、大小、纹理、色彩、语言形式。先立意，明确概念，再根据概念的特点和表达点去寻找、选择、加工、组织、创造适合的形式和形象，使之成为承载概念的形象载体。

（2）形的提取与衍变

"形"一般指事物所表现出来的物象外形与结构。中国画论中，形似，指再现自然形态的表象因素；神似，则指形象精神因素的表现。取其"形"不是简单地照抄照搬，而是对符号的再创造。这种再创造是在理解的基础上，以现代的审美观念对原有造型中的一些元素加以改造、提炼和运用，使其富有时代特色；或者把已有素材符号的造型方法与表现形式运用到现代设计中来，用以表达设计理念，同时也体现个性。

（3）意的沿用与延伸

我们不仅要能够对一个基本形进行提炼和创新，同时还要能够探求和挖掘蕴涵在它们背后的"意"。因为不论是古人还是今人，对美好的事物都一样心存向往，所以，除了要把能够让人们达成共识的"意"体现出来，沿用到内涵之中，而且要延展出更新、更深层次的理念精神，使其更具有文化性与社会性，以此作为拓展设计的另外一种方法。在文创产品设计中运用意的衍生，能够更好地传承和传播产品中的文化内涵。在中国传统文化中，在米缸上贴"满"字，寓意粮食丰收，财富充盈，而将米缸形态设计成使用于现代生活场景的储钱罐，则是沿用了米缸财富充盈的寓意，充满趣味。

（4）势的体会与传承

"势"通常指图形所蕴含的气韵及其所表现出来的态势和气氛。"势"能传达整个图形的精神。传统艺术在"势"这一点上，特别有代表性的还是中国的书法。书法从观察自然界万物姿态而得到启示，精心结体而成，经过几千年的发展演变，形成了各种不同时代的个性与风格。可以看出：大篆粗犷有力、写实豪放；小篆均圆柔婉、结构严谨；隶书端庄古雅；楷书工整秀丽；行书活泼欢畅、气脉相通；草书飞动流转、风驰电掣。书法不仅重结体，更重笔势。结体仅仅是书法运笔的依据，而书法个性形态的形成还是靠其"笔不到而意到"的笔"势"。"势"的体会与传承是对于"形"和"意"的沿用，可以说是对后者的发展和提升；而一种新形式的创造，是需要摆脱传统的物化表象，进入深层的精神领域去探寻。不同书法风格有不同的"势"。

2. 平面作品表现风格

（1）平面装饰风格

平面化的表现，是图形设计的一大特征。它将现实中的物象，引入并限定在二维空间的范围之内，在二维空间内进行表现，追求饱满、平稳、生动的平面效果。它表现在两方面：其一为造型上的平面化，其二为构图上的平面化。汉代瓦当和画像石在构图中能打破自然和视觉上的局限性，用一种平视、立视的形式来表现，标志着我国传统艺术的成熟。中国传统的民间剪纸也是采用平面化的形式来进行创作的，题材以人物、动物为主，以植物和风景等作衬托，画面所营造出的是浓郁的生活气息。剪纸的形式是用简练的外轮廓勾画出形象的基本特征，使人一目了然。在布局上有的采用对称的形式，有的采用均衡的手法来处理造型，其中线和面、实和虚的处理都十分自然，体现了一种朴素自然的美感。

平面装饰风格在构图上不受任何约束，不求视觉上的真实，不求再现自然，它突破了时空观念的限定和约束，是写实绘画所无法做到的。骨骼化的构图以线的形象出现，形成框架线和框架形，不同的框架线和框架形可以表达不同的情感，框架线和框架形有时呈显性，有明显的硬边效果；有时则呈隐性，把自身的形态隐蔽到具体图形之中，但是两者都起到支撑画面的作用。

在文创产品的设计中元素提取时，平面化的风格是十分常见的。在遵守传统的基础上又进行创新，对所要设计的每个主题都进行深入探索，以发掘出非同寻常的内涵。简洁特别的图形，加上开放的思维，是一个好的图形创意的要素。通过观察，应该对周围的事物有一个全新的认识，养成认真观察事物、归纳总结事物的习惯。

（2）插画风格

插画的范围非常广泛，可以囊括所有的插图，它既是文字的有力补充，同时，也是用来传达作者意识，表现气氛、情感或意境的媒介，由于插画带有作者强烈的主观意识，因此，它的形式多样，审美标准也具有多元化的特征。文创产品中的插画，既可以是为特定文化内容和场景绘制的，也可以成为表达作者内心情感的载体。例如，良品铺子推出新古典中国混搭表现主义与波普艺术格调的年货包装，试图去定义良品铺子的未来格调。良品铺子通过颠覆感官的方式，让消费者找到了归属感。

（3）漫画卡通风格

卡通原本是动画电影中拟人化、漫画化的动物及人物形象，因其活泼可爱的外形而广泛用于商业设计中，成为专门的卡通图形。夸张、变形是漫画卡通的精髓，在进行创作时，要以具体的形态、性格及其特征为出发点，可以手绘，也可以利用现代化的工具进行创作。漫画卡通也有不同的风格，既可以创作有悖于常态、常理的内容，也可以构建现实生活中不存在的形象、情景和情节。

在文创产品设计中，将一个无生命体的某一部分换上一个有生命的物形，形成异常组合的置换图形时，会造成出人意料的效果，并使置换图形从常规观念中蜕变出来。通过不同物形内在联系的显现，将外形之间的含义的一致性与外部形状的荒诞奇特相结合，构成了奇特的效果。这种超常、新颖的构成方式，可以显现出更为深刻的寓意，并对观者的视觉和内心产生强烈的冲击。

（4）原创风格

原创是指设计师根据主题的要求，自己或请艺术家绘制的图形。不管是中国的写意画、书法，还是剪纸、素描等其他绘画手段，虽然寥寥数笔，笔风粗放甚至还带有一些稚拙，却能把设计的主题和需要传播的思想感情充分地表达出来。同时，它具有一种摄影、电脑绘制等不能达到的艺术境界和独特的视觉魅力。

装饰性原创是指图形符合形式美的原则和装饰艺术的要求。装饰性图形对形象的表达，不是采取单纯摹写的办法，而是运用变形、归纳、装饰的手法进行加工，使之既能表达图形的主题，又能给受众以美的感受。设计装饰性图形时，注意在外形与色彩处理方面要洗练，以增强视觉的冲击力。

五、平面作品打样与产品模型制作

（一）平面作品打样

打样是使产品质量获得预定工艺设计效果的必要途径，也是检验制作是否符合实际效果的工艺措施。特别是一些精细的产品更要通过打样才能获得较好的质量效果，若不经过打样就盲目成批投资生产，极易产生质量问题，甚至可能造成重大经济损失。所以，严格执行工艺规程，认真进行打样预生产，通过打样修正工艺上的缺陷，对确保成批产品的质量具有重要的意义。

平面作品是根据作品存在的形态表现为平面的而得名的。它包括图书、报刊、绘画、乐谱、照片、电影电视片、工程设计图、产品设计图、地图、示意图等。平面作品与立体作品并无绝对界限，有些平面作品也具有立体作品的性质，如厚度较大的图书，也表现为立体形态，有些雕刻，也表现为立体形态。在文创产品设计中较常见的平面作品有土特产包装、书签、明信片、手绘地图等。

1. 打样流程

在平面作品打样之前，应与专业人员充分沟通，确定印刷数量、纸张类型、纸张克数、印后工艺、周期等。作品打样应遵循如下流程：小样—大样—末稿—样本。

（1）小样

在平面作品展开图尺寸较大的情况下，小样是平面设计师用来具体表现布局方式的大致效果图，省略了细节，表现出最基本的东西。直线或水波纹表示正文的位置，方框表示图形的位置，通过小样预估效果从而调整版式等。

（2）大样

在大样中，平面设计师画出实际大小的作品，提出候选标题和副标题的最终字样，安排插图和照片，用横线表示正文。设计师可通过大样进一步预估成品效果，与客户和印刷专业人员进行沟通调整，征得他们的认可。

（3）末稿

末稿一般都很详尽，几乎和成品一样。有彩色照片、确定好的字体风格、大小和配合用的小图像。末稿的这一阶段，平面设计师设计的所有图像元素都应最后落实，检查细节，可作局部微调。

（4）样本

样本基本上反映了作品的成品效果，平面设计师借助彩色记号笔和电脑清样，用手把样本放在硬纸上，然后按尺寸进行剪裁和折叠。

2. 打样质量要求

打样的目的在于使成批的产品能够较真实地再现原稿。那么，打样质量将直接影响成批产品质量的稳定。打样是产品忠实再现原稿必不可少的工艺技术措施，通过打样才能制定出更加科学合理的生产工艺措施，为确保成批产品质量的稳定打下良好的基础。所以，认真把好打样工艺技术和操作技术关，不仅可较好地防止生产过程出现的质量故障问题，而且可以有效地提高产品质量。

对打样的质量要求有以下两点：

一是打样的样张或样品应该是在该批印刷品所确定的印刷条件生产的，否则，打样的质量再高，也是没有意义的，因为实际印刷生产无法达到。

二是在确定生产条件可以生产的前提下，样品应该是高品质的。因为样品将作为印刷生产时的依据，如果样品本身质量低劣，以此为标准，必然导致印刷品质量低劣。

（二）产品模型制作

模型是所研究的系统、过程、事物或概念的一种表达形式，这里指根据实验、图样比例而制作的产品样品。由于模具开模的费用一般较高，需要投入较大成本，具有比较大的风险性，所以，在多数情况下首先会选择模型制作，通过评估后再进行模具开模。相对模具来说，模型制作具有成本低、加工快等特点，同样可以对产品的造型进行反复推敲和检验，应用较为广泛。

1. 模型制作的作用

设计是一个创造性的思维过程，是一个并不能完全呈现客观的一个过程。虽然，随着技术的进步，我们可以通过计算机效果图很好地展现三维效果，但是并不能让我们对其进行真实的感知。模型是设计师表达自己设计想法的手段之一，设计师也可以通过模型去推敲产品的细节、完善方案以及评价产品的综合效果等。在方案评估环节，模型展示通常比较直观有效的形式，是开发新产品不可或缺的环节。总体来说，模型在产品设计中的主要作用有三点：

（1）设计实验探索、完善设计方案

通过模型对产品的形状、结构、尺寸等多维度进行综合评价分析，发现设计中所存在的不足，从而完善产品。

（2）方案展示、交流探讨

通过模型能够较好地感知真实产品，在与非专业设计的委托方沟通的时候将更为便利。通过模型模拟展示设计内容，是一种比较好的设计表现与沟通方法。

（3）降低验证成果的成本

在产品的研发过程中，模具的开发成本高昂，如果前期不能够反复推敲，一旦产品出现问题，将耗费较大的成本。利用模型能够以低成本去评估验证设计，并能够不断完善产品。

2.常见模型的分类

（1）按功能分类

根据产品在设计中发挥的作用，可将产品的模型分为草模、展示模型、手板样机三种类型。

① 草模

草模是初步的简易模型，也称为粗模，这种模型是设计师在初期阶段的设想构思，是一种非正式的模型。草模和概念草图一样，是设计师对造型感觉的整体感知和最初思考方向，它是设计师表达概念想法的最简单的探索方式，是设计师的自我对白。通过草模可以对设计进行推敲和修改完善，为进一步进行细节探讨和设计等奠定基础。草模在选择材料时应以易于加工成型为原则，一般以纸、石膏、滴胶、黏土等为首选。

② 展示模型

展示模型是展示设计效果的模型，也叫表现性模型，一般需要表达出产品的真实形态，展现设计师的设计意图。这类模型通常采取模拟真实材料的质感和效果来完成，但是制作材料一般和实际材料有所不同，塑料材质较为多见。由于真实产品的制作成本往往较高，此类模型仿真效果较好，因而，其常被用作设计展示交流和设计效果验证评估。

③ 手板样机

手板样机是一种综合的实验模型，是工业设计领域应用比较普遍的检验设计成果的方法。手板样机是产品量产之前，通过手工和加工设备辅助结合完成的模型，一般来说，手板样机完全符合产品的生产技术和工艺要求。通过手板样机能够检验产品的外观和结构的合理性，以展览等方式得到市场用户的反馈，可以降低直接开模的风险性。

（2）按材料分类

在模型制作过程中根据设计产品所需表现的特性，选择模型制作材料尤为重要。常见制作的模型类型有纸模型、石膏模型、泥模型、木材模型、综合材料模型等。

① 纸模型

纸质材料具有比较强的可塑性，可用折、叠、刻等多种方式进行加工。同时，纸质材料的种类也比较多，如瓦楞纸、铜版纸、白卡纸等不同厚度和肌理的纸张。常用于包装、灯具等产品的模型制作。

② 石膏模型

石膏材料成本低，质地较为细腻，且具有一定的强度，有良好的成型性能。石膏的另一个特点是可以进行细节雕刻，并能够长期存留。石膏模型的常见成型方法有雕刻、旋转和翻制等成型方法，具体成型方式应根据所需做的模型形态而定。

③ 泥模型

泥材料根据其组成分为水性黏土和油性黏土，采用水性黏土材料制作的模型称为黏土模型，而采用油性黏土材料制作的模型称为油泥模型。泥料具有可塑性、富有弹性、表面柔韧等特点，可以把手看成塑造的工具对泥土形状进行改变，也可以通过堆积、粘接等方式塑造形体。

④ 木材模型

木材质量轻、色泽和纹路自然，易于加工成型和涂饰。对木材通过刨切等各种方式，可以得到木材本身的质感和美感，较珍贵的木材可用于做首饰等产品。

⑤ 综合材料模型

综合材料模型指根据产品的造型，以及材质的特性，选择合适的材料，将多种材质的塑形特点进行结合，避免使用材料的局限性。

3. 3D打印技术

3D打印技术的横空出世，为人们的生活及工作带来较多的便利条件，同时，增强了设计师对产品创造的实现能力，给人们生活带来了较大的影响。3D打印技术是一种快速成型的技术，其特点是不需要机械的额外加工或模具，就可以直接生成较复杂的形体，可以缩短产品的制造周期，从而降低生产成本。

3D打印常用材料：尼龙玻纤、耐用性尼龙材料、石膏材料、铝材料、钛合金、不锈钢、镀银、镀金、橡胶类材料等。

应用领域：3D打印技术在珠宝、鞋类、工业设计、建筑、工程和施工、汽车、航空航天、牙科和医疗产业、教育、地理信息系统、土木工程等领域都有所应用。该技术的优势在于，可以做出传统工艺难以实现的一些设计，如"未来3.0"、3D打印跑鞋、"JS3D"针织鞋。

3D打印技术的核心在于，它可以解决高难度、复杂、个性化的设计需要，只有当传统生产方式生产不出来的时候，它的魅力才能显示出来，使得设计师可以将所有的精力放在设计上，而不需要花很多精力和时间去迁就制作方式。所以，3D打印是对传统生产方式的一种补充和升级。在个性化的产品和制造上，3D打印和3D设计可以很好地结合在一起，因为3D打印技术以其独特的外形塑造能力，具有文创领域应用的先天优势。如，2018年的深圳文博会，3D打印文创产品成为该次博览会的最大亮点之一。目前，我国3D打印技术在博物馆的应用方面值得一提的有三个方面：第一个是对残缺文物的修复，第二个是文物的复制和仿制，第三个是文物衍生品的开发。

第三章 文化创意产品设计中的文化与创意分析

文化创意产品中的文化与创意都十分重要,本章内容为文化创意产品设计中的文化与创意分析,从两个方面展开叙述,分别是文化创意产品设计中的文化,以及文化创意产品设计中的创意。

第一节 文化创意产品设计中的文化

文化的范围十分广泛，正因如此，到目前为止还没有关于文化清晰且严格的定义。在学界，哲学家、社会学家、人类学家以及历史学家等想要给文化进行范畴界定的人不在少数。文化属于一种社会现象，具有多元化的特性，同时，可以认为它是一种历史沉淀，属于历史现象。文化，作为一个国家或民族的历史地理、风土人情、传统习俗、行为方式、思考习惯、价值观念、文学艺术等方方面面的综合体现，具有极其广泛的内涵和外延。

一、文化元素资源的内容

文化元素资源是由带有文化元素的不同种类的资源，融合在一起所形成的，文化元素资源包括自然景观资源、物质文化遗产资源、历史文化遗产资源、文学资源、民俗文化资源、宗教文化资源等。可以从这些文化元素资源入手进行文创产品的设计。

（一）自然景观资源

在人类简洁、轻微或偶尔的影响下，能够保持原有自然容貌和环境的自然景观，如极地、高山、大荒漠等都属于自然景观。自然景观资源是大自然的创造，自然景观资源元素应用于文创产品设计，可以借鉴自然景观中的元素运用到设计中，给设计增加一丝大自然的魅力。

（二）物质文化遗产资源

物质文化遗产（Material cultural heritage）是一种具有实体形态的文化遗产，也就是传统意义上的文化遗产，根据《保护世界文化和自然遗产公约》（简称《世界遗产公约》）的规定，它包括了历史文物、历史建筑和人类文化遗址。利用物质文化遗产资源的元素进行文创产品设计，可以从许多文物古迹和建筑上寻找古时的印记，将这些印记运用到设计中，设计出带有远古文明韵味的产品。

（三）历史文化遗产资源

历史文化遗产是与人类生活具有紧密关联且有历史意义和历史价值的文物，分为物质文化遗产和非物质文化遗产。我们所述的历史文化资源主要是指从民间传说、寓言故事、歌谣等传统文化作品中提取的可利用的资源的总称。

1. 民间传说

中国的民间故事都是通过口耳相传流传下来的，这些故事中的人物都有名有姓，有些是在某年某月真实发生过的事情，有些是有关民族存亡、政局变迁的国家大事；这些故事的结局一般都符合当地的历史特性和地理人文环境，因此，经常被错认为历史事实。真实的历史和民间传说还是有着许多不同的。例如，"泰山石敢当"，相传泰山脚下有一个人，姓石名敢当。此人非常勇敢，武功高强，好打抱不平，在泰山周围名气很大。关于泰山石敢当的文创产品设计，可以将泰山石敢当的形态融于文创产品的设计中，含有辟邪、保佑平安、风调雨顺的寓意。又如，传统门神的再设计。

2. 寓言故事

文学众多体裁中，寓言故事是重要的组成部分。这些故事大多都是以讽刺的口吻讲述故事，带给人们以警醒和教训。文章的内容篇幅不长、结构简单，选材深刻，富有教育意义，以借喻的手法将故事内涵表现出来。寓言故事之所以能够获得成功，是因为它具有极高的可读性，文化水平高和文化水平低的人都能领悟其中的意思。

3. 歌谣

歌谣是由人民的口头创作，贴近人们的生活，直接表达了人民的思想感情和意志愿望。其中，原始歌谣标志着我国诗歌的起源，在文学史上有重要意义。

榆林小曲是形成并主要流行于陕北榆林地区的曲艺唱曲形式，其内容多演绎儿女情长，2006年入选第一批国家级非物质文化遗产名录。陕北剪纸在取材上扎根于现实生活，表现手法上生动形象、形神兼备，展现了陕北人独特的精神内涵、风格面貌，是榆林珍贵的地方文化遗产。真丝艺术文化围巾是跨界开发的优秀成果，它将曲艺和美术这两种非物质文化遗产高度融合在一起，将民族传统文化元素导入到平面设计中，用剪纸的形式将榆林小曲《叮当响》中反映的青年男女约会的情景表现出来，表达了青年男女对甜蜜爱情和美好生活的大胆追求，突出了浓厚的文化气息，极具榆林地方色彩。

4. 历史人物形象

历史人物是指在历史上具有重大影响或其代表作品有深远影响的人。关于历史人物形象的文创产品设计，可以利用历史人物形象或者历史人物所特有的物品，将其与文创产品相融合，设计出具有传统文化特色和现代感产品。

在那些尚武的时代，"剑"是人们最常佩戴的短兵器，在历史长河中留下了诸多传奇。关于春秋最后一位霸主勾践的传奇人生可以说代代流传，而这把素有"天下第一剑"美誉的"越王勾践剑"，也曾为越王最后称霸春秋立下了不可磨灭的功劳。而在如今这个从文的时代，笔的消费群体可谓日益庞大，人们以笔代剑，各自努力书写自己的人生。金属电镀的笔杆构造，防滑易握的肌理表层，多颜色偏好设计，使冷兵器时代的侠客风流向当下墨客情怀转变。

（四）文学资源

文字是文学表达的主要工具，作家内心的艺术世界和现实生活的客观世界都可以通过文字形象生动的表现出来，表达形式也是丰富多彩，可以是诗歌、散文、小说，也可以是剧本、童话或寓言。创作者可以通过不同的体裁展现内心情感，再现特定时期和特定地域的社会生活。作为学科门类理解的文学包括中国语言文学、外国语言文学、新闻传播学。作者所述文学资源，就是利用这些经典巨著来进行创意设计，例如，中国四大名著：《西游记》《红楼梦》《水浒传》《三国演义》。设计师可以通过对四大名著中典型人物性格元素或者书中故事情节提取，来进行文创产品的设计，设计出带有鲜明人物特性或者带有故事性的产品，增加产品的趣味性。例如，以《西游记》师徒四人为原型做成的紫砂茶宠；又如，《考工记》《天工开物》《髹饰录》《长物志》《园冶》等，从中探求具有中国设计哲学思想的当代文创产品设计。

（五）民俗文化资源

民间社会的习俗、生活、文化等方面的综合体现，被称为民俗文化。在一个国家、民族、地区中，人们共同创造的并传承的风俗生活习惯都属于民俗文化。它是在普通民众的生产和生活过程中产生的，大部分属于非物质性的文化。

1. 中国传统节日

中华民族源远流长，在历史长河中，中国传统节日以其多样的形式和丰富的内容，成为中华文化不可或缺的组成部分。在漫长的岁月中，由于各民族和各个地区自然地理环境及风俗习惯的不同，形成了各具特色的传统节日。这些文化都是一个民族或国家的历史文化积淀，如今我们依旧可以通过这些文化看到古人多姿多彩的生活画面。

（1）除夕

除夕，又称大年夜、除夜，是农历一年最后一天的晚上。"除夕"中"除"字的本义是"去"，引申为"易"，即交替；"夕"字的本义是"日暮"，引申为"夜晚"。因而，"除夕"便含有旧岁到次夕而除，明日即另换新岁的意思。除夕夜的习俗是贴春联。春联也叫门对、春贴、对联、对子、桃符等，它以工整、对偶、简洁、精巧的文字描绘时代背景，抒发美好愿望，是我国特有的习俗。从除夕的习俗中提取元素运用到设计中，例如，贴春联，放鞭炮等，将许多传统除夕习俗融入现代文创产品中。

（2）元宵节

元宵节，作为中国汉字文化圈地区和海外华人的传统节日之一，被赋予了上元节、小正月、元夕或灯节等多个不同的名称。在农历正月十五这一天，人们会庆祝灯节，"灯节"的由来是在这一天各家百姓都会挂灯、打灯、赏灯，各处热闹非凡。元宵节除了吃汤圆外，还有另外一项传统活动，就是"闹花灯"。元宵节的文创产品设计，可以从元宵节的习俗中提取汤圆、各式各样的花灯等元素，融入其中，在凸显传统节日的同时，为产品加入了浓郁的文化韵味。

2. 中国少数民族节日

中国各民族的节日丰富多彩，其中著名的有傣族的泼水节、蒙古族的那达慕、傈僳族的刀杆节、彝族的火把节、藏族的酥油花灯节等。目前，少数民族文创产品开发已经成为少数民族所在地区重要文化活动的支撑。

3. 外国传统节日

不仅中国有各种形式丰富的传统节日，外国也有许多别样的传统节日，如圣诞节、万圣节等。外国传统节日也是外国历史文化的一个缩影，许多节日也反映出外国人的宗教信仰，就像圣诞节，是基督教信徒们将这一天当作耶稣的诞辰庆祝而产生的。

(1)圣诞节

圣诞节(Christmas)又称耶诞节,译名为"基督弥撒",是西方传统节日,在每年12月25日。弥撒是教会的一种礼拜仪式。圣诞节是一个宗教节,因为把它当作耶稣的诞辰来庆祝,故名"耶诞节"。圣诞节的文创产品设计:将与圣诞节相关的物品,例如,铃铛、圣诞老人、袜子、麋鹿等进行设计,设计出带有西方节日韵味的产品。

(2)万圣节

万圣节前夜源自古代凯尔特民族(Celtic)的新年节庆,此时也是祭祀亡魂的时刻,在避免恶灵干扰的同时,也以食物祭拜祖灵及善灵以祈平安度过严冬。前一天晚上(也就是万圣节前夜),小孩们会穿上化妆服,戴上面具,挨家挨户收集糖果。万圣节是人们祈求平安的节日,可以将万圣节的糖果或者面具等用于装扮的物品融入文创产品的设计中,以此来丰富文创产品中国外节日的形象。

(六)传统文艺资源

文艺(Literature and art)即文学和艺术,有时指文学或表演艺术,是人们对生活的提炼、升华和表达。传统文艺包括舞蹈、戏剧、曲艺和歌曲等。例如,曲艺,曲艺是中华民族各种"说唱艺术"的统称,它是由民间口头文学和歌唱艺术经过长期发展演变形成的一种独特的艺术形式。利用曲艺元素一样可以设计出特色鲜明的文创产品。

(七)民间工艺美术资源

劳动人民在生产生活的过程中为了满足生活需求和自身的审美需求,会利用身边一切可利用资源进行创作,这些纯手工打造的工艺品,不仅实用还有很高的审美价值,还以最真实的形态体现着中华民族优秀的传统文化,是宝贵的民间工艺美术资源。这些作品以其生动质朴、刚健清新的风格,体现着鲜明的民族情感和气质,是艺术技巧和艺术感染力的完美融合,被视为华夏文明的瑰宝。木雕、草编、蜡染、剪纸、泥塑……我国的民间传统工艺美术品种类数不胜数,每个地区的民族因地理环境、自然气候、人文风俗和社会历史等的不同都有着自己独特的艺术结晶。民间工艺美术资源相当丰富,值得我们去挖掘保护。例如,年画、剪纸、陶瓷、印染、刺绣、紫砂、泥塑、面塑、石玉砖雕刻、芦苇画等。

（八）传统纹样

传统纹样是一种传统文化艺术，主要的题材有人物、动物、植物和日月星辰等，还有一些会以民间故事和神话传说为基础进行创作，运用多种手法将这些形象表现在作品中。在创作过程中选用的图案一般都是具有特殊意义的，不论是原始社会简单的线条，还是封建社会复杂多变的花鸟鱼虫，都体现着当时历史社会的审美特色。

二、文化对设计的引导

文化引导并改变着人们的生活方式，如此，文化对设计有一定的引导作用，设计的发展离不开文化的支持。

（一）文化与设计的关系

设计从文化中取材，同时受到文化的制约和影响，文化的组成部分影响整个作品的设计环节。人类生活方式综合在一起就是文化，而设计的目的就是将已经存在的形象进行改进和完善，帮助人们实现更加合理的生活方式，由此看来，设计的灵感来源于文化。设计还会受到社会形态和文化背景的影响，因此，我们可以认为设计文化的起源就是文化。现代社会处处注重"以人为本"，人作为一种文化性动物，不论是生物性特征还是其他特征都与文化有着密不可分的联系。因此，设计过程中的一定要注意将人的生理特征和文化属性考虑在内。

简单来说，文创产品就是通过一个创意点使其增加附加价值，例如，用拉坯工艺做了个杯子，但这不是文创产品，假如通过创意给它穿上衣服，做出造型，有人觉得挺不错的愿意花钱买，那么它就是文创产品了。文创产品是通过创意让一件产品（可能是一件小物品、一道菜、一家店、一个场所等）附加上超出用户期待的价值，让其心甘情愿地接受溢价。

（二）文化对设计的影响

文化与设计的源流关系决定了设计的发展始终受文化发展的影响。文化的目标决定了设计的最终目的。文化内涵是现代设计理念着重强调的部分，文化的存在既是物质性的，也是精神性的，设计在这一特征的基础上通过对物的设计将人的精神需求表达出来。文化具有变化的能力，在不同时期以不同的内容丰富自己的组成部分和精神体系，我们不能单纯地认为符号是固定的传统或符号。如果产品设计能够将文化各组成部分的异同体现出来也就可以认为这是一个具有文化内涵的产品。

（三）文化的时代烙印

每个时代的设计都着独特的标志，这些标志都来自当时的文化和社会形态。通过观察产品本身具有的特殊文化特征掌握当时社会和时代的基本情况，还能分析出政治、文化、宗教等方面的特征。

（四）文化的卖点

能够被生产出来并进入市场销售环节的产品必要的条件就是具有基本的使用功能。消费者钟情于某一产品是因为它能满足消费者深层次的精神需求。一般情况下，人们对于某一种产品在使用功能方面的需求没有太大区别，但是对精神层面的要求会因为文化差异而出现较大区别。畅销度是我们评价一种产品是否成功的标准之一。按照经济规律来讲，一件产品只有销量好，企业才能获得可观的利益，才有更多资本进行产品创新，而新的产品又能被更多人接受和喜爱，从而实现良性循环。当今社会各项技术都高度成熟，因此，以同水平技术生产出来的产品一般都不是畅销产品。这时企业需要考虑的就是产品背后的文化层面。

（五）文化品位及消费品位

研究表明，文化类型不同，人们的行为方式、消费心理、购物习惯也存在较大差异。文化品位和消费品位是等同的。当今是一个变革的时代，各种各样的变化最终都会在消费中反映出来。消费文化和生活方式的变化是当代各种变化在消费领域的突出表现。通过对消费文化和生活方式变化的分析，认识新生活，反观时代的大变革。

三、文化产品设计目标

融入文化的产品设计不仅要有引人注目的外观，还应该有它所特有的内涵，例如科技内涵、情感内涵和文化内涵。

(一) 科技内涵

文化发展离不开科技的进步，近些年来，通过将技术与文化融合在一起，已经发展出了许多文化新业态，消费者群体也在发展变化，同时，文化产业也逐渐转向技术密集型状态，文化服务方式得到了创新。现今的文化领域处处都有科技的身影，具有光电效应的设备，能够自如升降变换的舞台以及公共区域的游艺器械，都是科技带来的变化。在这样一个信息化的时代，科技与文化已经不再是孤立的两个部分，而是紧密连接在一起，为社会发展共同努力，科技使文化固有的边界消失不见，使文化资源与信息资源实现融合发展。

(二) 情感内涵

设计中的情感是使用者对产品是否符合自己生理、心理需要而产生的，情感化设计中对情感的英语描述有 affective(喜爱)、emotion(情感)和 empathic(移情)，这些提法虽然各有侧重点，但是共同说明了一个问题：当我们与产品发生各种关系时，情感是重要的影响因素，设计中的情感尝试建立产品与使用者之间互动的情感关系，通过产品打动消费者，使消费者获得精神和心灵的愉悦和满足，同时实现产品的商业价值。

(三) 文化内涵

产品文化内涵可以从核心产品文化、形式产品文化、附加产品文化三个方面来分析。

1. 核心产品文化

产品的研发思想或理念的创意指出，就是核心产品文化的体现。企业如果能够将消费者的生活感受与专业技术一同融入产品制作中，就能塑造出核心产品文化。既能体现出产品具有创新意义的价值观，也能体现出企业的社会责任感和人文关怀意识。

2. 形式产品文化

在市场上出现的，有具体物质形态的产品就是形式产品，它是核心产品的具体表现，主要包括质量、功能等内在部分以及款式、包装、品牌等外在部分。

3. 附加产品文化

附加产品包括产品介绍、送货、安装、维修和技术培训等多种内容，简而言之，就是企业在售卖产品时的服务内容。

第二节　文化创意产品设计中的创意

创意可学吗？答案当然是肯定的，创意是一种可自行培养的能力。创意的过程是神秘而复杂的。它反映的是创意者自身内在素材的积累，包括了人生中获得的资料、信息、知识和智慧等的集合，而经验的积累和生活的体验是创意产生的基础。创意的源泉主要体现在素材的积累，包括个人知识、经验、阅历等的长期积累和随时记录。我们要有积极热情的创作动机、丰富的想象力和正确的思维方法，更重要的是要有"执行力"，即付诸行动和实践的共同作用所得的结果。在这个学习过程中，首先我们要做的就是将创意技法的学习和创意本身区分开，创意技法是完成创意的工具，或者可以说是实现创意的方法。技法并不是创意本身，我们要肯定技法的作用，但也不能将其扩大为创意本身。因此，学习和了解创意思维，掌握创意的方法，是每一个学习设计的人的必修课程。

一、创意的含义

创意是一个具有丰富内涵的形态，虽然很早就出现了这个词语，但是目前尚未形成统一的概念，同时又存在创造、创新等不同的称谓。比如，美国以知识内容和市场权益为重，认为创意是知识产权的核心，并称其为版权产业或娱乐产业；英国从创造者、策划者、设计者出发推出创意的理念；而日本则是将创意界定为以信息化的内容将其作为产品提供，关注当代数字类产品的文化内容，提出了"内容产业"的理念。所以，根据不同国家的国家战略、地域特征、文化传承和主导趋向的差异，创意也有不同的称谓。在以内容带动信息技术产业方面，影片《泰坦尼克号》就是个很典型的例子。全球观众付出了18亿美元来欣赏它的精彩故事，他们可能没有意识到同时也为几十台Alpha服务器和上百位电脑工程师的数千小时工作付了款。而这还属于传统内容产业范畴，因特网上的新兴内容产业已经成为当代信息产业的核心部分之一。

创意不仅具有娱乐价值，还具有广义的文化与艺术价值。它们包括了视觉艺术、出版业、表演艺术（戏剧、歌剧、演唱会、舞蹈）、唱片业、电影、电视节目以及时装设计和游戏设计等。所以说，创意是一个很清晰严谨的概念。21 世纪，世界社会的经济变革和推动一个国家经济成长的主要动力也是因为创意设计，而创意作为一种具有创造性的意念，其自身便带有"与传统不同的、新奇的、让人觉得出乎意料却又在情理之中的观点和想法"的含义。伴随着知识经济的快速发展和信息技术的不断进步，文化创意也正在逐步走向新经济时代的核心，有巨大的潜在市场价值。因此，创意的发展不仅顺应了信息时代创新和知识驱动经济的发展潮流，也体现了文化经济的发展趋势。创意一词，不完全是外来词。也就是说，这个词在理解、翻译和运用的过程中就已经被中国化了，成了一个中国词。

创意是对专利、商标、观点、思想、知识、作品、建议、法规、制度等事物新颖的构思，也是突破常规、打破世俗、超越自我的想法。它既是创造新意、寻求新颖、追求独特的意念、主意和构想，也是创造性的思维活动。寻求某个解决问题的方法并不是在思维方式上，而是在形象、生动的具象化表现的表达方式上，同时也要艺术性地对创意概念进行形象化表现。创意可以说是一切事物之根本，更可以说是设计之根本。在设计中，流行的设计方式就是创意，它随着设计产生，同时作为前提和依据决定设计最终产物。艺术创作中体现出来的构思和创意都属于精神或思想层面的内容，再通过具体的物质和材料以可见的形态表现出来。艺术构思和艺创意能够将艺术作品的所有特性包含在内，就像是人在出生之前的发育过程，虽然还没有成为一个完整的个体，但是发育成完整个体的全部条件和基因都已经具备。创意就像是这样的受精卵一样，为产品成型孕育条件。设计的过程本身就是创意的体现，如，创意水果碗，碗边有镂空的缝隙，除了有滤水功能，还能透过缝隙，把两个相同的碗合二为一，这样不仅节省空间，而且在需要摆放更多水果时，它们也可以分离成两个独立的碗加以使用。

换而言之，创意的技法在创新过程中有着重要的作用，它是创意的工具。创意不仅有学习的方法，还能在创作的过程中帮助创意者激发新的创意。具有新颖性和创造性的某种想法就是创意的体现，是基于传统思维和常规思考的奇思与妙想、创新与发展，属于智能的拓展和潜能的超水平发挥。思想库、智囊团的巨大能量释放就说明自己激发出了好的创意，也是对事物感性认识、理性思考与社会现实相结合的结果，亦是立足现实、影响未来的创造性、创新性系统工程。

创意存在于人类的大脑之中，个体可通过相互交流得到新的知识，产生新创意传达给他人，成为创意思维指导下的创意产物。创意交换组成创意分工网络，它通过世代更替和教育不断地积累、延续，不断影响着社会的生产生活。创意本身并不产生价值，也不会直接改变物质世界，但是一旦创意与实践相结合，由创意指导的实践则能够焕发出强大的创造功能。首先，创意是人类运用智慧的结晶，具体来说，创意既是动态的也是静态的，它既是一种灵感，是突发奇想而又妙不可言的思想，是对同一实践从不同角度进行探索的思维，也是对实践活动具有指导作用的思维，更是从无到有的过程。于深层次而言，创意是强调突破常规的，力求能深入到人心深处来进行原创的构思和设计，是自我价值实现的过程。其次，创意具有普遍性，利用人们普遍具有的能力，以想象力、判断力、语言能力、推理能力等这些能力为主，目前在普通教育体系中被大力强化，也在日常的工作中逐渐受到重视。再次，创意具有关联性，如果想要产生价值和发挥效用，就必须要和生产者、消费者以及竞争者建立联系，没有任何人能够脱离事实凭空构造出无根无据的事物。最后，创意具有系统性，创意思维更多产生于不一样的思维组合。创意的工作自身也有一定的逻辑路径可循，如，创意的筹备、酝酿和生成过程等。

美籍华人科技工作者、诗人、艺术家非马认为，创意的含义是向一切惯例挑战，它适用于一切动脑和运用说服技巧的行业，创意与人类思想紧密相连。如旅行箱贴纸，颜色缤纷，内容丰富，一改以往行李箱颜色单一、款式刻板的形象。用户根据个人审美观念，在行李箱上贴纸的行为实际上是一种向惯例挑战的尝试，表现了个性化的创意内涵。可见，人们有通过脑力活动创造新事物的能力，而且这种新事物对大多数人是有意义的，人类社会中的所有新产品、新活动、新气象，都来自创意力量的展示。创意决定着我们的未来，既是以往的经验、阅历、思考等因素相互作用的结果，也是创造的萌芽、新活动的起点，决定着整个活动的方向、过程与绩效。通俗一点来说，创意的意义在于做一件事情之前进行构思，即对事情的总体的规划抑或是想法，而这个规划是可以很有创造性的，也可以是很普通的。一方面，创意属于创意者的私有产物，是主观的精神创造出来的东西；另一方面，创意又是创意者所思考出来的结果或是意见，即它是一种能够以一定的手法形式所表现出来的观念，这种手法形式可以是语言的辅助手段、音乐、绘画、舞蹈等艺术符号。设计造型和技术制作的过程，都包含创意的理念。如双喜临门杯子，杯子把手由单个喜字组成，两个杯子凑在一起就是国人对新婚夫妻常用的贺词"双喜临门"，将中国传统吉瑞观念融入产品造型，表达了对美好事物的期许。由此可见，创意的产生既包含了技术，也融合了创意。好的创意往往需要更高的技术，在科学与艺术文化的完美结合中产生。

创意概念的定义有以下两个特点：既有多样性，也有一致性。概念的多样性能够使人们更加深刻地理解创意的内涵，能够帮助人们进一步研究创意；概念的一致性是多数定义共同点的体现，有新主意和新思想。这些都按照形式逻辑的要求，从静态的思维成果和动态的思维活动两方面来定义创意，创意的相关概念还包含创造、创造性、创造性思维和创新等概念。创意之所以被英译为"idea"和"creation"，它们两者之间的区别就是所谓广义创意和狭义创意之别。广义创意以 idea 为内涵，泛指一切创造性的思维活动；狭义创意以 creation 为内涵，指就具体作品而言的艺术构思。对于创意者们来说，创意是很有奥秘的存在，而奥秘性主要这样来理解：挖掘创意者本身的欲望，以及欲望被挖掘出来之后，如何才能更快地找到途径让欲望形成。创意概念的静态定义是其基本的首要含义。虽然创意的观念形态属性没能准确地被表达出来，但是创意是观念形态这一含义是被包含在内的，按照形式逻辑的要求，概念的内涵是需要准确表达出来的，同时还要与定义规则吻合。被誉为创意产业之父的英国学者约翰·霍金斯，在其《创意经济》一书中界定了"创意"概念。他认为，创意具有激发出某种新事物的能力，它代表了人类创作和人类发明的产生，而这种创意和发明必须是只属于个人的、自己原创的产物，该产物具有深远的意义。换句话说，创意就是才能和智慧的体现。[1] 创意无时不在，无处不在，它既在思想中萌发出来，更在行动中表现出来，而人类的创意就体现在各自专长上，也体现在感知世界向世人引荐自己的方式中和了解这个世界的过程中，创意是一种原生态的创新，更是产生于人类大脑的一种才能，将创意划分为一种创造力的思维过程，不但强调了人类的智力、人类的知识和人类的创造力的自我更新和改革，更彰显出了创意与传统人力资本的联系。

---

[1] 约翰·霍金斯.创意经济：如何点石成金[M].洪庆福，孙薇薇，刘茂玲，译.上海：上海三联书店，2006.

从学习的角度出发来对创意进行定义的话,创意既是一种学习的结果,也是一种学习的过程。在普通形式下创意行为最为直观的表现手法是艺术行为,诸如陶艺、绘画甚至是制作贺卡等。七宝烧是将各种创意图案搭配丰富的颜色烧制出来的陶瓷品,而制作七宝烧的主要程序含有七道:制胎、掐丝、烧焊、点釉、烧釉、打磨、镀光。在所有的程序中,最为细致复杂的是掐丝技术和点釉技术,烧釉和打磨这两个程序一般要经过多次的制作才能完成。七宝烧的颜色层次比较多,主要有红、橙、黄、绿、青、蓝、紫等色。但是一般来说,单色七宝烧是较为稀缺的。当然,也有透明釉的七宝烧,就是在经过艺术加工的金属坯胎上涂抹一层透明的珐琅釉,再经烧制后就会露出胎上的花纹图案。在当时材料不足,技法不明,全靠原创的情况下,以"景泰蓝为本"创造出了"心中的景泰蓝",即是"七宝烧"。创意以及跟创意相关联的事物往往具有很多的表现形式,斯坦福大学经济学家保罗·罗默认为,是否能提供和使用更多的创意或知识品,将直接关系到地区甚至是国家经济能否保持长期的增长,创意思想是伟大的进步的来源。

创意不是从天上掉下来的,它来自人的头脑。编写软件的是人,设计产品的是人,进行文学创作的是人,从事音乐和绘画的也是人,而当他们进行这些创造性的活动时,为他们提供工具的还是人。所以,人们的创意活动为人类带来了便捷和快乐。尤其是近几十年来,各种类型的创造性工作呈现爆发式的增长,展现了创意前所未有的强大动力。

创意概念包含三种含义:宏观创意、个体创意和应用创意。

第一,宏观创意。宏观创意是指一切可以看见的创作现象。宏观创意能让大家一眼就看出创意在何处,如何宏观地展示出与众不同的创意,即为宏观创意。

第二,个体创意。个人的情感、灵感、知觉、想象、才情、智慧等在创意作品中表现。凡·高的油画作品《星空》,运用了夸张的画法,生动形象地描绘出了充满变化的星空。整个画面就仿佛像是被一股未知的力量所带动出汹涌、动荡的蓝绿色激流,旋转、躁动、卷曲,这种脱离现实的环境也反映出了凡·高躁动不安的情感和充满疯狂的幻觉世界。

第三,应用创意。创意的目的不限于单纯的个人欣赏和品鉴,还与产业的目的相联系,也就是使创意走向产业。所以,创意真正的难度就在于题目自身拟定的过程。这是一个人本身智慧的、欲望的、情感的和深度的问题。所谓"智慧"

就决定了创意者为自己设定创意题目时的深度以及挑战的大小；而"方法"从另一方面决定了创意者在解题时的效率，也决定了创意者解题的创意。比如，米奇是华特·迪士尼创办迪士尼帝国的开端，是全球首个进行动漫形象 IP 授权的品牌，由迪士尼开创的美国动漫产业"轮次收入"模式更是引导了目前动漫产业的主流发展方向。我们对创意的概念、原则、含义、类型、方法以及法则等方面进行了全面分析，得到的结论主要有：一是关于创意的含义，从内涵上看，创意是一切之根本，其作用可以促进经济结构的调整，提升国家综合竞争优势，也可以促进地区经济的发展，提升地区经济的竞争力；二是从创意的类型方面来看，创意的类型是多样化的，创意的更高境界被称为智慧。面对未知的困境，必须拥有足够的自信，放下自己的不安，才能通过创意解决问题。收集创意的方法是：假如你有一个有趣故事的灵感，你就写下来；假如你有一把关于新椅子的灵感，那就动手去做出来；假如你有开创一项服务的灵感，那就亲自去实现它。只要你觉得自己的想法够有趣、够独特，能为大众解决苦恼，那就持续不断完善这个想法。

产生创意的一个关键是原创的能力。原创性是根据一个想法的新颖性和稀有性来定义的，并且是通过与其他想法相比较来衡量。这个过程具有一定难言性、不确定性、互补性。

第一，创意的难言性。创意的难言性体现在观念上、想法、灵感上的非标准化，难以准确地描述和表达。针对某一个文创产品，有人觉得怪诞，有人觉得恐怖，也有人觉得富有风趣，这种创意的产生往往依赖自身的经验、直觉和洞察力，很难有统一的审美标准。

第二，创意的不确定性。创意不确定性指的是产品的效果，在经过市场和用户的检验，才能有最终的答案。在人口密集，污染严重的城市，雾霾成了挥之不去的阴影，有一款定位在一立方米小空间使用的空气净化器，让人感受到产品和人的相互依存关系，但是由于体积过小，净化雾霾的功能尚未有权威论断，也未经市场销售检验。此类产品体现了创意的不确定性。

第三，创意的互补性。在已有知识存储量上进行的增量就是创意的互补，属于深化的分裂知识和人类社会知识分工。创意互补本身不能直接成为现实生产力，需要与各种知识和资源结合在一起，并根据实际情况进行嬗变，这样自身具有的使用价值才能发挥出来。比如，有一种不插电禅意山水加湿器，没有电气部件，主要借助水的自然挥发实现加湿功能,山水部分是加湿主体,中间夹层为吸水毛毡。将清水倒入底座后水分自然蒸发,同时,毛毡会随着水位下降,与国画山水的朦胧产生关联。

在世界范围内,人们对创意的基本概念理解一致,他们普遍认为创意既能解决问题又能创造新事物,还是新的思维成果。有不少创意经济学领域的专家对于创意的理解有自己的独到的看法。约翰·霍金斯的观点是将创意称为"有新思想"[1]。《创意阶层的崛起》是理查德·佛罗里达的著作,他在书中对创意进行了概括,认为创意是"造有意义之新形式的能力"。[2] 以上这些内容都表明创意既可以满足人类对于新事物的需求,还可以体现人们创造新事物的思维能力,更属于一种人类情感思维成果,也就是创造新意。由此可知,要想理解创意要从以下三个方面入手:

第一,就创意的角度而言,实际上的创意是一种思维过程,包括思维产生的成果,这个过程和成果创造的具体实现需要依靠创造和创新等实践方式。在增加表现形式的同时,我们还应打破思维定式。思维定式是一种习惯性的思维方式,可以帮助我们以稳定的态度观察和理解对象而不受其他因素干扰。然而,这种固定思维很容易变得僵化,无法灵敏地察觉外部环境的变化,也不足以有效地反映世界不断演变的面貌。这不仅会使人对外界的判断产生严重偏差,同时也会妨碍人们解决新问题能力的培养。创意能够揭示思维定式中存在的问题,并且通过合理的想象来探索解决问题的途径。它还可以敏锐地发现解决问题的时机,并及时提出解决问题的方法。在这个过程中,既保留了思维定式中的积极元素,又打破了陈旧的思维框架,同时,也能够拓宽我们的视野和思路。通过这种方式,我们可以消除思维定式,形成新的观点、概念和理论,从而推动我们在实践中进一步发展。这同样属于创意的萌芽阶段。这个过程涉及推测、探索、创新的活动。

第二,在创意方面,新颖性是最基本的属性之一。这里所说的"新"是指由以个人或群体为基础的创意主体原创的想法,主要分为两种情况:一种是在此之前从未有人想到或提出的创意;另一种情况是,在没有了解他人思考或提出相同

---

[1] 约翰·霍金斯. 创意经济:如何点石成金[M]. 上海:上海三联书店,2006.
[2] 理查德·佛罗里达. 创意阶层的崛起[M]. 司徒爱勤,译. 北京:中信出版社,2010.

主意的情况下，自行进行独特创造的想法才能算是真正的创意。因此，抄袭他人的想法并不能称之为创意。通常情况下，那些从应用中学到的知识和从设想中得出的主意，不一定可以认为是创新。创造性思维设想出来的创意，往往带有创造的性质。如，最早的听诊器是在1861年创造出来的，当时法国一名医生给有心脏病的患者诊断病情，由于通过耳朵无法听到清晰的心跳声，在紧急情况下，他用一张纸卷成圆筒形来放大听到的声音，以此创意为基础，改造出了现在的听诊器。

第三，创意旨在探索可行性，以解决特定问题并实现特定目标。可行性是指在现有条件下，创意能够有效地解决特定的问题并达到预期目标。创意是指能够实现并具有真实价值的新想法。狭义的创意指的是具有新颖、有价值且可实施的想法。创意可以被解释为一种新颖而实用的想法，或一种具有效力的新观念。"可行的新主意"是建立在"有价值的新主意"的基础上的，它考虑了实施新主意的可行性，是基于创意概念的创造性思维所得出的。

可见，创意是创造性思想的成果，也是意识领域的成果。各个领域的创意和创意思维活动的差别往往是巨大的。由于不同的研究观点存在差异，因此，需要出现多样化的概念。创意思维、逻辑思维和非逻辑思维在科学概念提出的过程中需要相互结合，但是在定义的过程中，必须遵守相关的逻辑规则。深入研究不同学科、不同角度对创意多方面本质属性的认知，同时，梳理基本概念，对于建设创意学学科来说至关重要。

二、创意的类型

创意的类型主要有：商品情报型、比较型、戏剧型、故事型、证言型、拟人型、类推型、比喻型、夸张型、幽默型、悬念式、意象型。

（一）商品情报型

这是最常见的创意类型，以创意的客观情况为核心，表现出创意的真实性和现实性本质。如贝医生牙刷是由4位设计师联手创立的BDD品牌，仅仅用了一年多的时间，就以高品质、高颜值、高用户黏度的贝医生巴氏牙刷及产品系统，挤进了已被诸多国际品牌长期垄断的口腔护理市场，迅速获得对品质生活极度渴求的"80后"、"90后"用户群的追捧和喜爱，成为当下中国日化产业最受欢迎的"爆款"品牌之一。刷丝是牙刷最核心也是与牙齿产生最直接接触的部件，贝医生牙刷首创三种不同功效的刷丝，其高低错落的"三明治"专利设计、全面适配的巴氏刷牙法是最大创新点；而刷头以光滑圆润的形态精致地承接着刷丝；刷柄是由圆至扁的白色光滑造型，手感舒适，柄颈弹性好，在不易折断的同时也防止用力太大损伤牙釉质，正是这些优质的创新设计、极致的品质追求，使贝医生巴氏牙刷一举成了中国牙刷"刚需"产品。

（二）比较型

这种类型的创意以直接的方式，将自己的创意与别的创意进行优劣的比较，从而引起注意。如龙虾电话从外表上就已经和普通电话很大程度地区分开了，外表的大胆突破成功地吸引了外界的目光，以最直接的外观形状表达出与众不同的创意。

（三）戏剧型

戏剧型可以运用戏剧表演方式来呈现创意，也可以把创意展现得像剧情一样具有戏剧性。百威啤酒的广告片仿佛是一部惊心动魄的战争电影。广告中，敌人在驱逐舰上发现了潜艇从下方经过，艇内成员紧闭所有噪音，静候驱逐舰的行动。此时，背景音乐响起，发出"叮咚……叮咚……"的回声，恰好与人们心跳声相呼应。突然间，一瓶百威啤酒被打翻，在桌面上快速滚动，广告主角快速地跃起双手接住瓶子，避免了一场鏖战的发生。

（四）故事型

故事型的创意是借助生活、传说、神话等的故事内容来表现，由于故事本身就自带说明的特性，容易让大众了解，更好地让大众与创意建立连接。比如，烛龙台灯以《山海经》里的烛龙"启目为昼，闭目为夜"为原型，简单精致、线条流畅，具有浓郁的中国风。

（五）证言型

证言型创意有两层含义，一是引用行相关领域的专家、学者或名人的言论来体现创意的新颖性，具有一定的权威性。在其他相同条件的状况下，权威效应有更广泛的影响力。如不锈钢网做成的鞋，采用软质金属网纹材料，带来不同的感官体验，正好符合了中国的一句古话："踏破铁鞋无觅处，得来全不费工夫。"无形中诠释了这双铁鞋的设计灵感。

（六）拟人型

这种创意是一种形象的表现，使其带有某些人形化特征，即以人物的某些特征来形象地说明该创意。熊本熊是日本熊本县为了振兴经济，推广本县旅游资源而设计出的一个拟人化的 IP 形象。拟人化的熊指代熊本县，脸部两处腮红指代熊本县独特的火山地貌。经过一段时间的传播推广，熊本熊成功获得了大众的认可，提高了熊本县的知名度，为当地带来了更多的旅游收益。

（七）类推型

这种类型的创意是用别人已有的创意来类推新的创意，以显示出创意的特点。比如，设计者将柔软的椅面改造成木制椅面，在办公椅的基础上改造之后，突出了这款木制办公椅的特色，令人耳目一新。

（八）比喻型

在这种类型的创意中，通常会使用比喻手法来描述和描绘其特征，或者运用常见事物来解释复杂的概念，以帮助受众更深入地理解，使事物获得更加鲜活、生动形象，并给受众留下深刻的印象。

（九）夸张型

为了实现表达的目的，有时会采用夸张的手法，将对客观事物的描述放大最大或缩到最小。夸张型创意的基础是客观真实，通过适当的渲染手法，突出并强调其本质特征，从而实现更突出的创意表现效果。

（十）幽默型

幽默需要用到多种修辞手法，语言风格要机智风趣，这样才能获得期望的艺术表达效果。如果想要用幽默型创意来进行创作，就要注意一个原则：创意必须要充满机智，同时，还必须健康、含蓄，尖酸刻薄、粗俗下流的思路是不可取的。

（十一）悬念式

这种类型的创意在刺激和调动受众心理时往往会采用神秘、猜谜或悬疑的手法，这样就可以引起受众的好奇心、紧张感、怀疑、预期、焦虑、喜悦等情绪，并且可以在较长的时间内继续保持并这种情绪状态，从而唤起他们探究真相的欲望。以半圆月亮的形式作为礼盒包装的设计，里面很有意思的是把礼盒打开时，刚好形成了圆月，寓意着团团圆圆。这种盒型在市面上很少见，甚至当人们看到它时都不知道是用来做什么的，以这种独特的设计形式来吸引大量客户的眼球。

（十二）意象型

意象是将主观的、具有一定意象的精神状态和客观的、可感知的、可见的感性特征融合在一起。这种融合产生了一种形象或符号，它可以传达出情感、思想和感受。意象型创意是一种融合了主观心理、感受与客观事物的抽象形象，它在表现上包含了人类思维与自然环境的完美结合。比如，将东方设计美学融入现代造物，以拱桥、水波、倒影共筑一帆，曲线通体左右贯通，形体流畅，犹如行舟扬帆，气势非凡。它能让人们意象地看到船只在湖面飘荡，你可以自由地看待它和感受它的意境，从而实现它创意点的价值。

三、创意的原则与方法

（一）创意的原则

创意的根本原则是传达信息，以创造性思维为先导，寻求创新、独特的表现形式和表达方式。它们是创意思维的具体化，体现创意思维就是以新颖独特的思维活动，揭示客观事物本质及内在联系，指引人去获得对问题全新的解释，从而产生前所未有的创意成果，创意需要通过绘、写、刻、印等手段来体现。对于创意的原则可以分为五点来理解。

1. 独创性原则

独创性原则是指在创意中不能墨守成规、因循守旧，要勇于独辟蹊径、标新立异。独创性的创意具有强大的心理突破效果，能够在大众的脑海中留下深刻印象，并能持久地保留在大众记忆之中。

2. 参与性原则

参与性原则其实就是让大众亲身感受、获得共鸣。现在是体验经济时代，公司要以商品作为道具，以服务为舞台，以消费者为中心，创造能够值得消费者回忆或者让消费者参与的活动。以旅游产业为例，经过改革开放以来四十多年的发展，旅游已经进入了追求体验和感官刺激的时代，"体验"是一种奥妙的参与，是肉体与精神的双重参与，是一种通过肉体上的移动来实现精神上的满足的行为活动，是一段通过人为环境的改变来刺激人体感官，从而营造一段深刻经历与回忆的情感历程。只有让游客体验到旅游的文化与新奇，同时获得放松和心理认同，游客才会印象深刻、欲罢不能。所以，在进行旅游商品的创意设计时，必须考虑让游客参与进来，应顺应市场趋势，满足游客对旅游的参与需求。

3. 个性化原则

互联网和信息科技的发展为人们的生活开辟出更大更广阔的空间，世界的包容性越来越强，人们越来越多地追求个性，希望买到独特的商品，所以，个性化是文化创意产品开发的一大趋势。针对消费者的个性需求设计出独特的体验过程，感情付出和亲身体验能够给消费者留下深刻的记忆。这种通过亲身经历体验的消费，更多的是一种精神上的享受和丰富，这种消费不仅能够让消费者愿意为体验付费，而且这种体验将会长期存在于其精神层面，有利于培养消费者忠诚度。由于每个个体不同，所以，每个人的体验感受也会有所差别，只有能够满足游客个性化需求的文化创意产品，才能获得用户的认同和青睐，在旅游市场上占据一席之地。比如，现在流行的DIY物品，手绘的杯子、鞋子，或者是将用户的头像印在杯子或者T恤上，极具个性化，深得广大用户喜爱。现在DIY手机壳已经发展成为市面上常见的时尚文化创意用品。用户可以根据自己需要，购买有底膜、琉璃钻、素材壳、点钻笔、AB胶等材料的手机壳DIY材料包，经过简单的步骤，设计出自己喜爱的个性化手机壳。

4. 差异性原则

现今设计市场上的创意产品存在一个很大的问题，那就是同质化严重、互相抄袭，在全国各地看到的文化创意产品千篇一律。创意追求的是"人无我有，人有我优，人优我特"，一个"特"字就充分说明了创意产品的差异性有多么重要。个人存在着阅历、兴趣爱好、经济收入和文化修养等方面的差异，从而决定了他们对创意产品的需求层次、审美标准及评判结果的不同。这就要求创意产品要有足够的个性化差异和不同的种类，与其他创意产品区分。只有设计出独具特色的创意产品，让用户保持对创意产品的新鲜感，才能满足广大用户求新、求异的消费心理。随着电子商务的发展，物流问题逐步成为制约电子商务进一步发展的瓶颈，而在各种电子商务模式中，受物流配送影响和制约最大的是 B2C，京东作为中国市场领先的电子商务企业，同样面临着这个问题。早在 2007 年，京东就开始构建以仓储配送为核心的自有物流体系，把物流体系环节掌握在自己手里，很好地解决了物流配送的最后 3 公里问题，获得了消费者的认可。

5. 文化与商业结合原则

在打造地方文化的商业化过程中，保护文化和商业开发之间存在着一定的矛盾。开展商业化活动不可避免地会对地方文化的本质造成一定影响。文化对于商业竞争力的提升作用不可小觑，但是企业不能仅出于追求利润的考虑，通过简单化的商业手段将文化元素割裂、瓦解，这是不明智的做法。要设计好一款产品，并不是简单地把现实世界中的视觉元素拼凑在一起，而是需要深入挖掘文化底蕴，理解并把握文化基因，有创意地构建出文化特色，系统地解决文化传承问题，最终实现解决地域文化与设计冲突的目标。

创意产品作为设计行业发展的极其重要的一部分，在进行文化创意产品设计的时候，需要尊重文化属性和产品本身的商业属性，并将二者结合起来，设计出既具有文化内涵、能够满足大众文化需求，又能获得经济利益的创意产品。在创作过程中考验设计者的一个巨大问题，就是应该要怎么去完善自己的想法，让想法无懈可击是非常重要的，但是这么做自然也会造成一些其他的困难。往往难就难在设计者要如何去把它实施出来，尽自己最大的努力去完善它。在大多数的情况下，好的点子会流失，就是因为人们已经忘了他们当时第一次听到这个好点子的时候，所表现出来的反应。这不仅需要设计者用开放的心态来寻找解决问题的办法，当到了不得不做最后决定的时候，也意味着自己要思考并坚决地作出决定了。

（二）创意的方法

从全球范围来看，广义的创意方法已经成为文化创意的主流论述，它被普遍视为产业化和市场化的表现。创意被简单理解为文化产业或创意产业的思考方式，这已经是司空见惯的事情了。然而，人们往往忽视了创意在产业以外领域的应用，如在政府、公众和公益团体中实施的公共文化建设、公众日常生活方式以及公益事业等。

收集知识和经历有两种办法：直接收集和间接收集。直接收集是指围绕目前所进行的特定主题，将个人的知识和经历在特定领域构建起来，同时，要尝试将想法和玩法融合到一起，创造出新的创意。间接收集则不带有特殊目的，只要"有趣"即可收集，在日后的项目中可能会派上用场。这也是许多创意者们随身携带笔记本的原因。在进行小组创意或头脑风暴时，应确保团队里成员互相给予建设性反馈，尝试接纳他人意见，不要反驳和批评，要通过合作建立信任。

国内的学者胡卫平和林崇德将创意人才的成长经过进行分类，指出创造性人格、创造性思维和创造性的社会背景是创意的内涵。创意的生产者就是创意人才，创意人才的集聚投资、自然产生技术和就业等经济增长源，只有拥有大量的创意人才，汇聚更多的创意源，才能成为影响产业升级、企业发展、经济转型和城市繁荣的关键因素。既然创意是有历史范围的，那么，我们在创意设计的时候，就必须要懂得把握住过去的创意是什么，而现在已经变成了平庸的；现在具有的创意是什么，应该掌握什么创意方法；什么又是未来的创意，应该如何去开发研究。把握住人类未来、现在和过去的精神成果和物质成果，也就是把握文化，这样才能够把握创意的历史意义。好的创意必须是震撼的、实效的、新奇的、惊人的。俗话说"物以稀为贵"，这是事物不变的通则。纵观世界设计的发展史，设计的变化总是建立在社会的精神变革和物质变革的基础上的。创意随时随地都会出现，只有保持敏锐的感觉，通过适当的方式将其撷取保留，再深思熟虑并加以延伸、拓展、细化，才能有效地加以利用。在平时工作、日常生活或其他不经意的事情中，突然会有新奇的看法或意见，可能是在浴室里，可能是在公交车上，亦有可能是在半梦半醒之间，但是大部分转瞬即逝，一旦错过，没及时记录，也许过后就无法再完整地回忆保存。

四、激发创意灵感的基本法则

一种超意识的形式可能就会是灵感的出现，也可能是潜意识的形式，甚至对创意起决定性作用。获得灵感和智慧的方法可以通过训练掌握，但是教学很难让学习者直接掌握灵感。灵感是思维的深度思考、广泛涉猎和长期积累的结果，是由科学的方法和偶然的契机相结合形成的飞跃式进步，是从量变到质变的过程。智慧是指在思维层面上进行提升，形成一种能够全面把握事物及它们之间关联的世界观、人生观和设计观。这种能力需要组合思考的机制，通过洞察人、事、物的关系，来达到更深层次的认知和理解。激发创意灵感的基本法则有以下四点：

（一）组合法则

可以将不相关的思想、技术、产品等合并在一起，形成全新的创意点子。创意专家韦恩·罗特林顿在他的著作《打开创意的脑》中指出，创意便是将以往不相关的概念组合起来，产生全新的思想和发明。[1] 创意是将不同元素进行组合的艺术。创意来源于已知元素的新式组合，将熟知的观念或事物与其他元素结合，便可以创造出全新的概念。有创新思维的人通常具备发现不相关事物间的"相关性"的能力。

（二）改变法则

有时候用不同的眼光看一个旧东西就能有新的创意，因为眼光是新的，所以东西也就成了新的，之所以有的东西会觉得过时了，不好看了，这些都只是因为人们的眼光在改变。创意往往是根据时代的循环而发现和挖掘出来的，往往一个创意也能带领出一个新的时代。改变法则是在一个旧的创意上再次进行挖掘的一个过程方式，这样也就创造了一个新的创意点。

（三）逆反法则

逆反法则也可以称为逆向或反向思维技法。与常规不同的逆向思维通常是反传统的，这种思维的表现具有直接的开拓性和创造性。逆转型、缺点型和换位思考型是逆向思维的主要类型。

（四）模仿法则

我们在生活中所遇到的创意并非都是独立和自由的，大多数都是缺乏独创性和创新思维的，那些空前绝后的创造创意设计更是难得一见。在创作中，借鉴和改良是很常用的方式，它们可以成为创意的灵感来源，促进创意产生与发展。由

---

[1] 韦恩·罗特林顿. 打开创意的脑 [M]. 刘盈君, 译. 北京：中国市场出版社, 2008.

于"创意"本身的特质，它必然不可能是"模仿"的。进行具有创造性的模仿，必须具备积极的思维意识和创新精神，也就是说，模仿的目的是"再创造"，而非盲目地抄袭和仿冒。创造性模仿要基于对他人创意的深入了解，再以自身的条件和项目要求为标准，通过重新组合和改良创意，从而创造出具有不同功能和价值的全新物品，这种模仿是深入挖掘创意本质的过程，而非简单的表面模仿。有时候，创意的源头其实只是将概念转换一下，换一种视角或应用方式，就能够获得全新的创意。

创意是文化创意产品设计的核心，没有创意的文化用品是没有灵魂和价值的。在设计中不仅考虑实用性，而且要从多个角度去考虑其意义和价值，文化创意产品基于优秀传统文化的基础之上，突出设计作品以及创意文化产品的独特性。要与设计界、社会、市场同期商品相比，并且在新颖度和使用性方面都趋于领先，从而引领文化创意产品潮流，提升产品价值，才能有更好的发展前景。

第四章　不同类型的文化创意产品设计

本章主要讲述不同类型的文化创意产品设计，从五个方面展开叙述，分别是校园文化创意产品设计、旅游文化创意产品设计、动漫文化创意产品设计、红色文化创意产品设计，以及传统文化创意产品设计。

第一节　校园文化创意产品设计

一、校园文化创意产品的类型和特征

（一）校园文化创意产品的类型

学校作为知识传承、文化传播的载体，基于历史的长久发展与学术成果的积累和沉淀，让各个学校形成了各自的学科优势和校园文化。而校园文化创意产品则是校园文化发展与发扬的具体途径之一。所谓校园文化创意产品，就是以某个学校的元素来进行创意设计开发的产品。它反映学校文化内涵，体现学校的办学理念和精神风貌，传承学校的历史文化和精神，也代表着当今新兴校园文化创意产业的发展和更新，体现学校悠久历史文化的传承和积淀。对一所学校来说，这所学校本身所具有的历史积淀、文化底蕴和办学传统，是这个学校在精神层面上的宝贵财富。通过学校的特定文化元素，来展现学校形象的校园文化创意产品，如学校的校名、校徽、校训以及校园代表性建筑和景观形象，它代表着学校的形象，蕴藏着丰富的人文历史内涵，也是校园文化创意产品的设计精髓，校园文化创意产品通常以学校主要标识和代表性景观为主体构成。这些标志性特征会随着学校的影响力增强而不断深入人心，成为学子们的内在精神力量和认同感的源泉，对加强校友之间、师生之间、学校和外界人士之间的交流和沟通有着积极的推动作用。

1. 以校名、校徽、校训为主题形象

每个学校都有不同的校名、校徽、校训，它们都体现着每个学校蕴含的内涵，以此开发的作品有效体现了学校的精神风貌。清华大学的校园纪念品是以清华大学校训"厚德载物，自强不息"为主题形象设计的文化创意产品，将清华大学的校徽和校训融入文化创意产品的设计中，打造出清华大学独有的文化创意产品，又突出了清华大学的核心特征。将校训经过系统性设计开发，在分析整合后产生新的功能，文化创意产品被赋予更丰富意义，是典型的校训在文化创意产品上的体现。

2. 以校园代表性建筑物为主题形象

耶鲁大学建筑学院所在地，也被称为艺术建筑大楼，由建筑学院的前主席保罗·鲁道夫在1963年设计。辛辛那提大学的"解构主义"风格建筑——设计与艺术中心，其设计者——美国建筑师彼得·艾森曼，因其碎片式建筑语汇而同各式其他建筑师一起被打上了解构主义的标签。彼得·艾森曼认为这是来自基地的地形曲线与原有建筑折线造型的动态结合。西南民族大学邮票设计也选择了学校的特色地标建筑，再与传统版画艺术形式相结合，通过点、线、面的有效设计，整合学校文化素材，凝练出一组能够囊括校园特色的图案，使得纪念印章的图案积淀了丰富的校园文化。

（二）校园文化创意产品的特征

1. 纪念性

校园文化创意产品蕴含着与学校息息相关的历史，被赋予了学校的内涵，具有一般的产品所不具备的宣传性和纪念性。校园文化创意产品不仅代表着学校的历史底蕴和特色，还蕴涵着该校学子对学校的认同感与美好祝愿，具有特殊且深刻的纪念意义。对于学校毕业生而言，校园文化创意产品寄托着他们对母校的热爱和怀念的强烈情感。此外，在兄弟院校的校际互访中，校园文化创意产品也可作为具有纪念意义的伴手礼赠予对方。如，同济大学的门牌号钥匙链，与常见的纪念品不同的是它以学校地址——上海市四平路1239号，作为一个情怀切入点。就像离家在外的游子始终会记得家里的门牌号，毕业的校友们只要看到熟悉的门牌号，就能想起曾经的校园。

2. 独特性

校园文化创意产品最根本的特征，表现在产品的文化价值就审美价值上，其最突出的产品属性不是产品的功能属性，而是校园符号化特有的文化元素及其象征意义，独具校园特色。云南大学的校园文创抱枕，创作团队把设计的焦点集中在学生的日常生活需要和云南独特的本土文化之上，大胆地使用极具地域特色的纺织纹样，将文化特性转换为特色产品，提炼出具有代表性的文化符号，同时，融入新颖的审美取向，与云南大学积极多元的校园文化相契合。

3. 收藏性

文化创意产品不仅具备实用性和艺术性，还具有一定的收藏价值。这类产品用于收藏或兄弟院校互访时赠送，不仅具有实用功能作用，更具有收藏价值。

4. 实用性

文化创意产品的实用性在消费者的消费心理上占有重要的地位，因此，校园文化创意产品在追求收藏价值的同时，应兼顾产品的实用性，以消费者的需求为导向。既要抓住学校的特色，进行巧妙设计，也要注意大众化需要，注重产品的普适性，虽然使用价值并非顾客购买文化产品所考虑的首要因素，但是实用性与纪念性、收藏性兼备的产品更容易得到青睐。如复旦大学的纪念衫，将学校的文化符号与实用性进行整合，最终成为文化创意产品。因为复旦大学这个名字已经是一种能代表学校的文化符号的存在，再与其他具有纪念情怀的符号，譬如，学校门牌号结合起来进行排版设计，就是一个单独存在的校园文化创意产品。

文化创意产品构成要素离不开文化、创意、体验、符号、审美这些元素。根据不同的需求，将文字、色彩、图形等直接信息与多因素结合，有意识地进行提炼和整理，进而对间接信息进行整体的把控，再增加设计服务功能，同时又增强作品的文化内涵，融入更多的人文性与地域性，促进个性化视觉系统构建的亮点。

（三）校园文化创意产品的分类

校园文化创意产品根据不同使用场景分类，可以校园生活的必需品为设计出发点，其设计品类的选择，以生活用品、办公用具、服装为主，具有相对的普遍性。

1. 内容类纪念品

这类产品以文化礼品、办公产品、家居饰品为主，并不是局限于校友的纪念品上，一般可在学校进行交流学习、活动中心开展相关活动、学校宣传时向来访者进行礼品馈赠。除此之外，这类产品在满足学校办公需求的同时，还能对参观学校的学生家长进行馈赠，满足家长对纪念品选购的需求。

2. 创意类工艺美术品

这类产品主要以工艺品、首饰、刺绣、陶瓷、木雕、砖雕、文房四宝、摆件等为主，多以学校校徽图案、校园风光、吉祥物为元素进行设计。如北京大学纪念手绳，将文化创意的理念最大化地应用，使消费者获得独特的体验，使校园文化创意产品成为一个不仅只是摆在桌面欣赏的物品，还是能够玩的玩具。

3. 延伸类创意产品

这类产品以便签本、笔记本、书签、徽章、冰箱贴、随行杯、化妆镜、幻彩包、钥匙扣、餐垫、手机饰品、杯垫等展开，衍生周边系列小而实用的产品设计，如复旦大学五大书院设计的一系列校园文化创意产品，中国农业大学的明信片、复旦大学的戒指等设计产品。

二、校园文化创意产品的设计表达

（一）校园文化创意产品形态的塑造

产品形态指的是通过设计、制造，并且能够满足顾客需求的产品，呈现出来的状态就是产品形态，产品想要传达的意识形态、视觉形态和应用形态都包含在内。其中包含了产品所传达的理念、视觉上的呈现以及应用方面的形态。在设计校园文化创意产品时，需要充分考虑产品的实际应用场景和经济性，同时，应该从外形和审美角度出发，将实用性和美观度相结合。设计师的设计思想最终将以实体形式呈现，即通过创意视觉化，用草图、示意图、结构模型及产品实物形式表现，达到再现设计的目的。

欧美各大名校皆非常重视校园文化创意产品，他们会积极地利用校园文化，把自己独具特色的校园精神和创意文化"物化"。如哈佛大学利用自身的品牌优势，将校园文化创意产品的开发衍生到生活的方方面面。如日常生活用品、服装等，通过一套完整的商业运营模式，将他们的大学文化传播到世界各地。

打造特色纪念品，可以从纪念品的材质、形态上有所改变，从产品的使用方式、独特的外形、色彩、功能性出发，开拓趣味的深度和广度。在设计校园文化创意产品时，可以选用陶瓷、金属、绢布、木材、纸张等材质，设计手法可以选用雕刻、绘画、书法、印染等，产品形态则可以是邮票、明信片、纪念册、手袋、文具、挂件等，图案设计可加入校园美景、典型建筑、校徽、符号等，增加产品内涵。

（二）校园文化创意产品的营造

1. 建立校园基本视觉体系

创造和形成统一鲜明的校园形象，有助于校园文化自身可持续发展。对学生来说，校园文化的认同感并不是与生俱来的，要经过长久的学习生活慢慢形成。学生只有根据自身的感受与学校的各种行为活动互相联系后，对校园的整体印象进行全面的评价，才会从情感上对校园产生认同感。

2. 校园文化创意产品与产品系列的关系

校园文化创意产品设计的一个重要特征就是通过其中一个主题或灵感来源，将这些主题和灵感发展为一种产品系列。设计师在诠释校园文化元素时，应发挥自身创造力，而不是简单地将其复制到产品中去，进而对产品进行衍生化设计。

（三）校园文化创意产品的开发

校园文化创意产品的形态主要包含内容与硬件载体两大部分。文化创意的内容是文化创意产品的核心价值，也是有别于其他产品最显著的特征，但是它一般难以独立存在，必须依靠具体的硬件载体而存在。其实质是对文化资源的再开发、再利用、再创造，以满足精神消费需求或其他附加值生产需求。校园文化创意产品的开发要运用好的创意和表现，突出体现学校文化建设纪念品的独一无二的创新的特色。其开发大致可经过以下几个紧密环节：市场调研、提炼元素、理念细化、设计表达。

1. 市场调研，强调实用

市场调研阶段对一个文化创意的形成至关重要。在进行校园文化创意产品设计之前，首先要做好充分的市场调研，对不同学院的学生进行用户的喜好归纳，根据校园文化，细分消费人群。对消费群体的取向、市场趋势有一定的了解后，结合调研得到的信息对校园文化创意产品的设计方向进行精准定位。从消费者的角度考虑，抓住文化特征，从文化元素出发，调研以学院师生为主的购买群体，在设计定位上重点考虑易于推广、需求量大、性价比高的文化产品，针对一些有需求的人群，满足校园文化的传播功能，进行注重实用性的市场需求的调研。对校园文化创意产品量大的笔、笔记本、胶带纸、笔筒、书包等学习产品，文化衫、运动服、校服、箱包、相框、装饰品等生活产品，信封、信纸、档案盒、文件袋、笔记本、校旗、挂旗、手提袋、公文包等不同类型的产品设计，要抓住不同文化元素的设计出发点，从产品本身出发。

2. 提炼元素，挖掘内涵

在校园文化创意产品的设计中，首先，要考虑的是提取校园的特色元素，这样才不会因为认识的单一和理解的片面导致主题不突出。通过充分的市场调查和素材收集，我们可以确定产品设计和媒介，同时，加强对学校发展历史、办学特色以及突出的学科优势的认识，从而使设计更好地满足市场需求。其次，应运用系统性的思考方式，着重挖掘学校特色元素的核心精髓，设计要以此为基础。确定研究对象后，需要收集与之相关的文化符号样本，这些样本涉及文化符号内在的文化属性、使用功能属性和视觉属性。为了获取这些样本，我们需要进行资料检索，并将文化符号图片的背景去除，以便提取相关的文化符号样本。同时，我们还要采集并理解文化符号分类特征中涉及的词汇，在将其进行分类、筛选和对比后，构建出意义相反的词汇组。最终，运用语义差异法对样本进行量化分析，并根据受众对样本中文化符号属性的感知评价，评估文化符号属性的感性特征相对于其他属性的位置。

在元素的提取上，需要找出最具当地特色的人文、物产、自然、政治等特征内容，通过艺术加工，使之成为具备独特文化的代表符号，并进行准确的市场定位，反映学校独有的精神文化和物质文化，深挖内涵，借学校的人文景观、学校标志性建筑、学校标识、办学理念、学校地理位置等，进行校园标志性元素符号的深度剖析，发掘其内在含义，并将其运用于后续设计中，从而增强文化内涵。可以通过采用学校卡通形象、校园象征性建筑和景观元素、包含校园历史的文化元素等作为创作的灵感来源，为校园文化创意产品的Logo带来更具有系列感和整体性的设计，从而使得产品形象更为完整。利用手绘技巧创作校园地图、明信片和贴纸等文化创意产品，将设计元素化简并加以运用，用符号和素材打造校园文化创意产品的框架。在设计中恰当使用学校校徽、标准字体、校训、校园标志和地方特色元素，突出其较高的认同度和识别度，以展现学校的独特特色，包括民族和地域的文化差异。

3. 理念细化，形态统一

对校园文化创意产品的内部传播功能进行充分挖掘，渗透到学校的各个院系，建立各个院系、各个专业独立的视觉形象。在构思方面，打破传统文化创意产品形式的桎梏，延展新的空间，深入挖掘地域元素，将其与设计结合，有效避免文创设计同质化的现象。例如，拍摄校园全景视频、制作Q版校园地图、制作虚拟校园H5页面，让更多对学校陌生的人能够在手机端直观地感受校园文化，使学校面向外界、面向校内师生表现自身现有面貌。若校园文化创意产品的受众定位在学生、校友或者家长，他们购买校园文化创意产品时，产品的性价比是一个重要的考量因素。校园文化创意产品需要在特定场合使用，因此，产品的设计必须有明确的含义或实用功能，以适应人们的实际需求和操作方式。例如，具有重要意义的纪念活动，或用于兄弟院校间相互访问时的纪念品。在设计这种层次的校园文化创意产品时，需要优先考虑采用已经被广泛认可和使用的具体形式，作为传递校园文化的媒介。利用人类对形态的速度反应最快的心理特征，通过形状丰富多变的设计元素，协助人们准确地理解产品所传递的信息，并通过视觉形象完成产品的主要传达方式。或者通过突出校园形象的标志，如校徽、校训、中英文校名等要素，进行改良与提炼，制造出富有校园文化创意的产品。

4. 设计表达，独特体现

校园文化创意产品的设计从将校园典型形象简单化、符号化、设计主题化、价值表达形象化等多方面，来体现文化由内到外的层次关系，传递校园文化内容由表及里的传递关系，通过视觉特征、使用功能特征和精神内涵特征三个方面进行分析，达到用符号语言典型形象。在特征分析中，视觉特征的比重最大，因为我们最先通过视觉来捕捉事物的外观特点，用比较来区分不同的物体。因此，从视觉方面进行特征分析是认识其形态构成要素的关键。特征分析的侧重点因设计而异。通过对视觉化特征分析的结果进行功能特征分析和内涵特征分析，我们可以根据文化符号的使用方式和内涵表达方式的差异，运用比例尺度分析样本中的风格特征语汇，并将其量化分析。在实际案例的研究中，由于文化符号的功能特征和精神内涵难以量化，因此，我们通常主要通过视觉特征分析来进行分析。

三、校园文化创意产品的经验启示

文化产业的发展，需要大量的创意人才，把更多的创意灵感转化为社会财富。推动文化产业发展的核心动力是创新能力的培养。

使用学校特有的文化资源作为根基，校园文化创意产品以代表性的文化元素符号表现出了学校的形象与特质，传递着丰富的校园文化含义。它不仅能够凝聚人心、培养人才，也能为学校的可持续发展提供源源不断的内在推动力。开发校园文化产品可促进校园文化建设，提升学校形象宣传效果，增强学校影响力，培养校园文化品牌效应。当前，校园文化创意产品丰富多样，文化创意产品产业发展呈现出良好的趋势。个性化定制校园文化产品，应注重多元形式与主题设计，以满足师生的需求，并凸显校园独特的视觉文化。此举不仅能够满足实用需求，还会在潜移默化中影响群体认同，营造校园文化氛围。作为世界知名大学，哈佛大学和麻省理工学院有着自身独特的品牌价值，其社会影响力和潜在的商业价值不容小觑。美国的校园文化创意产品与中国大相径庭，在美国的商场里有本土各大学校的校园文化产品在售，打破了传统的只在校内、售卖受众较窄的限制，这也是欧美大学校园文化产品在销售模式上的独特之处。哈佛大学和麻省理工学院 The coop 商店，最开始 The coop 名为 Harvard Cooperative Society，只是一个出售书籍、文具等的小店铺。随着规模扩大，现在主要经营哈佛大学和麻省理工学院这两所学校的校园文化产品，包括 T 恤、徽章、笔盒、冰箱贴等。

The coop 发展至今已经不仅是校园文化产品店，而是凝聚着哈佛大学和麻省理工学院校园文化的品牌商店。The coop 能满足不同学生的审美及精神需求，将校园文化渗透到学生日常生活中的每一处，使学生在潜移默化中受到校园文化的熏陶。The coop 将哈佛和麻省理工校园不同学院、学生组织、运动协会等标志图样渗透到文化创意产品的设计中。哈佛大学校园文化产品巧妙地融入了校徽、各个二级学院的 Logo。以及院徽等文化符号，对这些文化符号进行多样化的变形与衍生设计。此外，The coop 在产品选材方面独具匠心，合理利用原材料自身特性，美观实用，实现功能效用与视觉美学的统一。

哈佛大学的冰箱贴在结合产品实用价值的同时，充分利用了校园风景和人文历史景观作为传达文化的自然符号，将具象的人文之美融入设计之中，给使用者以独特的精神享受。现在许多造型特别、创意巧妙的文化创意产品，因为实用价值不高，导致产品无人问津。我们设计的时候要选择师生在日常生活当中所用的产品，让这些文化创意产品和大家的日常生活紧密相连、息息相关，使其功能得到重视和升华，从而达到有效的宣传效果，发挥它的认知功能。

校园文化产品体现着学校的文化底蕴，是传播校园文化和提高学校社会影响力的重要途径，开发校园文化产品除了满足实用功能之外，运用艺术的手法将产品想要传递的信息用不同的线条、色彩、形态及材质加以设计及组合，促使消费者购买文化创意类产品，领略文化符号所传的神，即产品的文化价值和美感价值。挖掘校园人文历史，发现校园师生的不同需求，广泛收集师生的创意灵感，加强学科间的交叉课程学习，增加动漫周边产品开发与设计的训练，做到"传神"和"达意"，校园文化产品的艺术价值自然也就高了。

总而言之，校园文化创意产品作为校园文化的重要载体，其设计目标就是更好地宣传校园本身，让社会大众更加了解校园的文化氛围和办学原则，让师生产生强烈的归属感和认同感。

第二节　旅游文化创意产品设计

一、旅游文化创意产品的功能分类

（一）旅游文化创意产品的功能

旅游文化代表旅游行为的全面性，是其时间和空间的延伸。旅游文化创意产品被定义为由文化、创意产品和旅游相结合而形成的产品。其核心特征是具有独特性和文化底蕴，具有新颖、独特、互动、穿透力强的特点。旅游文化通常分为传统旅游文化和现代旅游文化，前者主要包括游客和旅游景观文化，后者增加了旅游和文化的交流。旅游文化创意产品是充分发挥现代旅游业效能的一种文化产品设计。

文化创意旅游产品的起源可以追溯到西方，它是由融合了文化产业的创意产业和旅游产业而形成的。旅游文化创意产品开发旨在针对市场需求，整合旅游资源、设施、人力和景点，策划、设计和开发新颖的旅游产品。旅游产品必然具备生命周期这一客观存在，为确保旅游企业的可持续性发展，应采取分阶段推出旅游文化创意产品的策略，包括已成熟的、处于成长阶段的和正在研发中的三代产品。唯有这样，我们才能确保旅游文化创意产品得以长期发展。旅游景点管理企业应该及时采取预防措施，分析外部环境，并预测旅游产品的寿命周期，以便及时开发新的旅游产品。根据旅游文化创意产品的开发状态和表现，可以将其归类为成熟、新兴和活动三个景点类别。成熟的景点包括艺术博物馆、雕塑花园、特色博物馆、音乐厅、主题公园以及电影和电视基地，新兴景点包括IT园区旅游、动漫产业园区观光、出版业访问、文化产业园区参观，活动类景点包括节日活动、旅游活动、音乐庆典、服装展示、设计展览和个人作品展览。

几乎所有的旅客旅游时都不会放过当地的美食，而美食也是旅客最为青睐的送礼佳品。提取京剧脸谱元素，把京剧中的角色制作成 Q 版脸谱挂件，可以挂在包类、书柜、办公桌等场所，起到一定的装饰效果。作为礼品赠予友人，其脸谱文化运用在文化创意用品中得到一定的文化传承效果。澳门杏仁饼是一道著名的美食，当地独特的食品加工技术，加上具有一定历史的品牌，使旅游文化创意产品具有食用和人际沟通的作用。另外，还有一部分旅客，以感受当地特色或者体验独特工艺为旅行目标，如到景德镇不仅可目睹陶瓷文化以及制作工艺，而且可以购买有特色的陶瓷茶具，使得这类旅游文化创意用品既具有实用性，又起到一定的人际交流作用。当地服装、首饰、纪念章等以及当地特色美食，如澳门猪肉脯、云南鲜花饼、重庆火锅底料等，都是年轻一代游客所青睐的产品类型。

（二）旅游文化创意产品的分类

1. 按照旅游资源分类

（1）文化遗址遗迹旅游产品

这类旅游文化产品的开发主要建立在文物、遗址两类旅游资源上，重点突出普遍价值，满足游客体验传统文化，了解历史演变和古代科学艺术的需求。其发展的关键和核心是保持旅游产品的真实性。如罗马斗兽场拼图成功地复原了意大利斗兽场的原貌，确保了斗兽场的真实性。

（2）文化历史建筑群旅游产品

此类旅游文化产品主要包括历史文化名城、历史街区、古镇、古村落、少数民族聚居区。其发展的关键是保持材料载体的真实性和空间载体的完整性。

（3）文化景观遗产旅游产品

这些旅游文化产品分为三种类型：第一种是人工设计和创造景观，如森林景观、田园景观和宗教文化景观；第二种是有机进化景观，例如，古老的残余文化景观和田园诗般的延续景观；第三种是相关景观，其特点是自然因素具有强烈的宗教、艺术或文化相关性。其发展的关键是保护人与自然之间的互动，在不同类型的文化景观中具有不同的特征。

（4）文化主题公园旅游产品

这些旅游文化产品是人工建设的具有特定文化创意活动的现代旅游场所。有的是基于本土文化的主题公园，有的是基于现代技术和虚拟技术的文化动漫游戏主题公园。开发要充分考虑市场需求、选址地点、品牌知名度和衍生品开发等。迪士尼系列公仔将迪士尼文化元素融入产品设计和制作，然后推广衍生动画产品，与文化主题公园结合，让游客有兴趣购买。

（5）文化娱乐旅游产品

这些旅游文化产品是流行、时尚、精致和品牌的表演艺术产品，包括民族风情展示旅游产品、文化遗产旅游产品和景观等。其开发关键是依托地方独特的旅游文化资源和自然人文景观。

2. 按照使用功能分类

（1）装饰

领带、围巾、民间艺术摆件、生肖饰品、中国结、京剧脸谱、传统纺织品、密封件、海报、珠宝、建筑模型、水晶工艺品等。

（2）实用

茶壶、笔、筷子、厨房用品、指南针、镜子、U盘、钱包、香水等。

（3）娱乐

风筝、七巧板、填字游戏、棋盘游戏、灯笼、木偶、剪纸艺术等。

（4）教育

乐器、教育书籍。

（5）保健

健球、木梳、玉枕、人参等。

（6）食用

饼类、蘑菇、芝麻糖等。

（7）传承

邮票、钱币、明信片、书法作品、香炉等，它们一般具有相应的收藏价值。

二、旅游文化创意产品的特点

旅游文化创意产品不同于普通产品，其特点比普通产品更加鲜明和突出，具有纪念性、时代性、地域性、美观性和便携性等特点。

(一)纪念性

纪念是旅游文化创意产品设计的基本要素。旅游消费者一般通过旅游体验，对景点文化相关的产品产生兴趣，然后产生购物行为，这类旅游文化创意产品的纪念意义是多方面的。一方面，它们受到旅游目的地环境的影响，包括受当地人、气候和风景的驱动；另一方面则是受到旅游中的审美、信仰及经历的影响。

从旅游者的视角来看，旅游可分为两个方面：精神层面和物质层面。精神层面主要关注旅游者在旅程中获得的内心满足和心理愿望的实现，而物质层面则主要关注旅游文化创意产品的呈现。游客出发旅游后，通常会通过购买旅游文化创意产品重新体验之前的美好回忆。所以，旅游文化创意产品的设计应当注重其纪念价值，以吸引游客，并与他们建立情感共鸣，从而实现产品的实际价值。

以故宫纪念品为例，故宫文创是故宫博物院下的自主创意品牌，明成祖RAP、Q版人物造型等都出自该品牌。紫禁城文创牌匾系列立体冰箱贴灵感来源于紫禁城宫殿的牌匾设计，外框设计模仿了紫禁城的牌匾形状，各种文案设计可用于家中不同场景。比如，减肥人士可在冰箱上使用"冷宫"，书房可用"上书房"，厨房可使用"御膳房"等，在家也能感受到故宫的气息，有很强的纪念性。

(二)时代性

旅游文化创意产品传达的信息和外在形式代表的时代是旅游文化创意产品的时代特征，与旅游目的地的历史文化和潮流文化有关，如秦始皇品牌的西安兵马俑纪念品。秦朝是中国古代史上第一个统一的中央集权的封建王朝，兵马俑就是一个时代的见证，代表着秦朝的历史文化，而兵马俑纪念品则是提取文化元素所创作的文化产品，较好地再现了"俑"的文化特征，促进了西安文化产业的发展。

(三)地域性

文化内涵是地域特色的重要组成部分。了解和整合更多的区域文化是旅游文化创意产品设计的核心环节，可以提高产品档次，触动游客心灵。区域文化的形成往往与当地的历史和文化密切相关。旅游文化创意产品的地域性是旅游文化创意产品的重要特征之一，是指地方旅游的独特而不可替代的实质资源和精神意识形态，它是旅游区独特的文化基因和象征。融合了区域文化设计的旅游文化创意产品，从另一个角度来看，集中体现了旅游区人文或自然景观的特征和内涵。旅游文化创意产品的地理特征越明显，对游客越有吸引力。因此，它可以唤起游客的购买欲望并促进当地文化的传承。

旅游文化创意产品是实质性的物化产品。不同的地区以不同的形式和内容表达其所具有的地理特征。如北京天坛陶瓷饰品，以表现天坛独特的建筑设计为主，辅以材料和文化内涵展示旅游文化创意产品的地域性。

当地旅游区独特的文化内涵与现代元素相结合，突出旅游文化创意产品地域特征。例如，享有瓷都之美誉的江西景德镇，有悠久的瓷器历史。它的瓷器精致，品种繁多，风格独特，装饰丰富，闻名世界，是当地最好的代表和象征。景德镇独特的高岭土资源是保证其瓷器质量的必要条件。可以说，这种独特的黏土已经成为"瓷器之乡"的代表。西安的兵马俑具有较强的地域特色和旅游文化，创意产品选择兵马俑作为主题元素，则可以突出西安的地域特色。可见，突出的地域特色、浓厚的文化内涵和高尚的文化品位相结合，创造了成功的旅游文化创意产品。

由于不同的自然环境和社会习俗，不同地区具有不同的地域文化特征。因此，产品设计材料和造型加工、包装和包装的概念也变得多样化。为了设计更好的旅游文化创意产品，必须通过现代设计方法和技术，把握区域特色资源和特色文化的核心内涵。

（四）美观性

精致美观是大部分产品应有的基本特征，旅游文化创意产品也应注重运用现代元素，注入时尚符号，可从以下几个方面进行反思：材质、工艺、色彩和造型。

1. 材质美

随着科技的进步，各种新的材料频频面世，为了达到创新和美观的目的，产品设计师不断尝试新材料，以丰富产品的性能，增强产品的美观性。美学材料也离不开加工技术，只有两者的结合才能展现出迷人的质感，让材质本身拥有美丽的灵魂。例如，塑料通过巧妙的加工技术应用表现出材料的美感。如城市之扇工艺品采用的是木制材料，而加工工艺则采用人工雕刻，创作素材是中国各城市的地标性建筑，如北京天安门、上海东方明珠等，结合加工工艺制成有美感的木制工艺旅游文化创意产品。

2. 工艺美

工艺美术实际上是一门造型艺术，它把产品与美学相结合，结合产品的实用性，增加产品的美学特征，通过工艺加工产品，最终形成具有艺术形式的产品，并赋予产品新的形象，在形状、颜色和装饰上具有一定的美学特征。如招财蛙，这种手工艺品是用木头做的，经手工雕刻而成。将蛙嘴中的长棍抽出来，之后在蛙背部摩擦，即可发出青蛙的叫声，不由得感叹其技巧和设计的美感。

3. 色彩美

旅游文化创意产品材料的固有色彩，以及人类增添的色彩，所赋予的色彩美感被称为纪念品的色彩美。人的主观因素对色彩的美感有很大的影响，这与其内在的色彩审美意识有关。相同的颜色在不同的游客感受中是不同的，且与游客的个人品位有关，在旅游文化创意产品的设计中，颜色与纪念品的功能、使用人群和使用环境有关。俄罗斯套娃，其装饰工艺加上特别的纹样，再搭配鲜艳明亮的颜色，旅客被此种工艺品所吸引，产生好奇。运用鲜艳色彩再搭配工艺材料突出色彩，是一个成功的产品所不能缺失的。

4. 造型美

形状之美是满足人们对功能和审美品位需求的完美契合。造型原则一般包括三个方面：美学、经济和原创。以梅州客家文化元素为题材的客家民居挂盘为例，其以土楼和围龙屋为基础造型，结合现代艺术潮流将其平面化，采用雕刻技法增加立体感，将客家民居的造型美以平面的形式展现得淋漓尽致。

（五）便携性

携带方便也是旅游文化创意产品的特色之一。一般来说，旅游活动有三个特点：随意性、非原生境性和一次性，这或多或少限制了游客消费的欲望，减少了游客在旅游区的购买行为。还有太多的创意产品，给游客留下深刻印象后，最终因长途旅行而被遗弃。从流动性的角度来看，小巧玲珑、携带方便、易于运输的旅游文化创意产品将更受欢迎。如鲁班锁工艺品中的锁制品对比很明显，大型的工艺品虽然比小工艺品更能体现鲁班开锁工艺，但是作为旅客，大型的工艺品由于占位过大，一般不会作为纪念品首选购买，而是选择具有同样功能，而且方便携带的小型工艺品作为旅行纪念品。

影响旅游文化创意产品的便携性有很多原因，但是最重要的部分是产品理念和材料的选择。材料选择将直接影响纪念品是否便携。因此，设计产品包装也很重要。如客丰家实酒瓶，以客家建筑围龙屋的门楼为设计元素，用红陶材料雕砌排列，加上寓意吉祥的名字，游客既可饮酒，又可了解客家建筑文化，还可留下瓶子作为纪念品。而具有同样意境与功能的大酒瓶，由于便捷性不如小酒瓶，往往是旅客不愿意购买的重要因素之一。

综上所述，旅游文化创意产品的纪念特色、现代特色、地域特色、审美特征和便携特征，是旅游文化创意产品的基本特征。旅游文化创意产品的必要属性是纪念性特征，旅游者购买纪念品的动力和意义都是源于此；根本属性则是地域性特征，设计纪念品的核心要素也是这个属性；吸引旅游者的首要因素是美观性特征，也是基本属性；纪念品设计的基本原则要遵循美观性特征和便携性特征，这是纪念品的重要属性。它们之间的关联和影响是指导产品设计的重要因素。

三、传统文化旅游创意产品的设计案例分析

传统文化是一种反映文明进化，反映民族特色和风格的文化。它是国家历史上各种意识形态文化和概念的总体表现，世界各地都有自己的传统文化。中国的传统文化建立在儒道互补的基础上，包括诗、词、曲、赋、中国画、书法、对联、谜语等形式。传统文化与当代文化和外国文化相对应，它的内容是过去存在的物质、制度、精神文化实体和文化意识。

中华五千年文化，是一种历史的见证，而代表文化的则是这类文化产品，它既有传承性，又有创新性。文化的沉淀，能造就大量的文化创意产品。尚元堂品牌旅游纪念书签四件套分为紫光檀、非洲酸枝木、楠木、非洲紫檀四种材质，分别雕刻梅、兰、竹、菊。另外，尚元堂与故宫博物院联合开发了很多包含故宫、天安门等元素的旅游纪念产品，利用传统木工工艺结合众多现代时尚元素，开发出数十款精美实用的U盘、蓝牙音箱等产品。该品牌的产品还把红木文化与现代生活有机结合，加以传统红木制作工艺，材质优良，做工精细，采用天然生漆，健康环保，体积小巧，收纳方便，将时尚与传统、实用与收藏完美结合，是一件值得收藏以及赠送的文化产品。

十二生肖就是传统经典文化，其鼠、牛、虎、兔、龙、蛇、马、羊、猴、鸡、狗、猪的概念具有无限的延展性。它有历史的、文化的、精神的、现实的、过去的、当代的、物质的、非物质的等多种属性，设计者可以挖掘提炼十二生肖的精神内涵和品质魅力。如京剧生肖就是以十二生肖为主体，宣传中国国粹京剧，大胆融入中国特色，把现代与传统和谐结合，创作出一组外观华丽、造型可爱、生产可行的布绒玩具产品，深受小孩与家长的喜爱。

文房四宝向来是颇受文人重视的。客家·陶瓷文房四宝，由笔筒、笔架、砚台、印泥盒等组成。作品以梅州客家地区的特色建筑——围龙屋和土楼为设计元素，以陶瓷艺术纯朴的语言艺术真实而又形象地塑造出客家围龙屋、土楼的结构特征及形象，它们可以组合和拆分。组合后，展现在人们面前的是客家围龙屋建筑严格的中轴对称美和圆土楼的神奇。

古人云"得一佳砚，胜于拱璧"[①]。这套客家·陶瓷文房四宝集中体现了客家文化与陶瓷的特点，让人们欣赏陶瓷艺术的美感，同时，享受富有地域特色和乡土气息的客家建筑景观，以及内外文化的回味。它们精湛的艺术和文明成就具有一定的实用性、美感、欣赏和收藏价值。

中国历史悠久，地域辽阔，自然环境多样，社会环境不同，在漫长的发展历史中，逐渐形成了不同形式的住宅建筑。传统的住宅建筑受地理环境影响，生动地反映了人与自然的关系。旅游文化创意产品的设计，既要在传统文化上做创新，也要在产品上相融合，实现传统文化与产品的结合。客家·陶瓷文房四宝的设计灵感源自客家地区著名的圆土楼建筑，并以陶瓷器皿作为呈现媒介。通过夸张的形象表达客家建筑独特的节奏感，以梅花为主要装饰元素（梅花为梅州市的市花），并采用青花装饰工艺，创作出精美的产品。内容被随意地表达在永不磨损的瓷器表面，然后通过去除不必要的背景来突出主题，创造出明快的形式和颜色的组合。这种构图风格强调了作品的主题和艺术性，同时，呈现出客家文化的当地特点和风土人情。作品运用陶瓷青花装饰艺术这一特殊的造型语言方式来诠释客家文化，共同传播他们精湛的艺术、文明的成果。

从延伸的角度来看，中国饮食文化可以从时间和技术、地域和经济、民族和宗教、食品和餐具、消费和等级、民俗和功能等不同角度进行分类，呈现出不同

---

① 刘勇先. 汉江拾贝[M]. 广州：暨南大学出版社，2012.

的文化品位并反映不同的使用价值。传统饮食文化元素也是获取文化产品设计灵感的重要途径。

四、旅游文化创意用品设计经验与启示

（一）台北故宫博物院旅游文化创意用品设计经验

从旅游产品的开发来看，各地区的旅游单位必须从全面发展的角度研究并定位其发展，从底层寻找当地的旅游文化资源，并根据市场的各种因素全面探索文化内涵，将其转变为可直接投放市场的旅游产品。此外，在已经整理出来的众多文化产品中，有必要筛选出具有文化代表性的产品，在投放市场早期，观察市场效应，继续实施后续产品。

台北故宫博物院文创用品开发已有十年历史，最初，馆内的文创和许多其他博物馆一样，主要售卖一些展出文物的仿真品，从审美性、观赏性、文化性上来说，与普通旅游景区的文化创意用品没有太多区别，欠缺对市场的了解以及研究。2000年之后，台北故宫博物院开始向全球征集创意，从文化资源挖掘开始，利用设计竞赛，重新打造文创纪念品。其中，被人熟知的"朕知道了"纸胶带就是在创意设计海选比赛中两个学生的方案。除了大热的纸胶带，其他台北故宫博物院热卖的产品还有"戴头上是发髻、拿下来是颈枕"的唐朝仕女颈枕、翠玉白菜折叠伞等。

在综合文化资源表达和文化载体经济投入的前提下，台北故宫博物院有大量的文化沉淀，选择传统文化元素来开发产品，建筑、文物、历史故事等都成了研发团队取材的宝库。无论是故宫的大门还是房顶的脊兽，皇帝御批、牌匾，都可进行深度发掘，并将其特色应用于受市场欢迎的载体，这是故宫文创成功的关键。

（二）旅游文化创意用品设计启示

近年来，我国日益重视旅游文化创意产品开发工作，由于社会环境的变化，许多旅游目的地和当地文化所依赖的空气和土壤逐渐丧失。在新形势下，文化创意产业和休闲旅游经济的发展为文化创意产品提供了生存空间，在一些地区，当地借助城市和景点进行"表演"，重点强调从参与、学习、创造和发展来有效推动旅游文化创意产品的发展。强调"参与"指的是游客对旅游地文化活动的深度

体验，它与"走马观花""蜻蜓点水"式的旅游截然不同，游客只有沉浸在环境中，参与各种活动，与社区居民和其他游客进行深入沟通，才能真正了解旅游目的地的文化，为"学习""创造""发展"奠定基础。强调"学习"是指游客增加知识和开阔视野，积极接受信息，并对旅游文化产生深入了解的欲望。

突出"创意"重点是强调某些技能，发挥其创造潜力。特别是对那些具有突出多样性和文化底蕴的文化旅游目的地，产品更应打破原有的"规则"，并根据文化背景和喜好重新诠释旅游文化产品创新，使游客成为旅游产品的共同生产者。

谋划"发展"要掌握一定的技巧，满足游客自我超越和自我实现的愿望，从旅游者的创意旅游需求角度，实现传统的形式和旅游内容的多样性、象征性、实用性和虚拟性的旅游文化创意产品自我发展。

丽江依托其独特的东巴象形文字资源和木雕文化资源，开发各类旅游艺术品。木雕工艺遍布丽江商业街，面向旅游市场的木雕工艺尤为常见。这是文化与载体的结合，是东巴文化与古镇市场的完美融合发展。

目前，中国的旅游文化创意产业尚不成熟，需求不稳定，产业链不完善。对旅游文化创意产品设计的分析，需要充分了解各地传统文化和审美习惯，将科学、技术、文化、艺术、社会和经济融为一体，设计出具有新颖性、创造性和实用性的旅游文化创意产品。

第三节 动漫文化创意产品设计

一、动漫文化创意产品的类型和特征

（一）动漫文化创意产品的基本含义

动漫是动画和漫画的统称。从字面意义上看，动画是活动的、赋予生命的图画。Animation是英文对动画艺术的称谓，动词形式是Animate，词义有"赋予……以生命，使……活起来"的意思。Animation包括所有使用逐格拍摄方式，使木偶等没有生命的事物，产生看起来像有生命一样运动起来的电影，属于电影的四大片种之一，是动画片、剪纸片、木偶片和折纸片的总称。因此，动画有"赋予

生命"的含义。后来，有人将许多的画片放在转盘上，这样一来，图案投射在墙上就产生了物体在运动的错觉，典型地利用了视觉暂留原理。人的眼睛在看到一幅作品或者说是一个物体的时候，短期在大脑中的记忆不会消失，在一幅画面没有消失前播放下一个画面，就会给人一种流畅的视觉变化效果。

漫画是一种绘画艺术的形式，通常使用夸张、比喻和象征手法，以讽刺、批评或者赞颂特定的人和事，其中包含强烈的社会意义和娱乐效果。此外，有些漫画作品也仅仅只是为了纯粹的娱乐而存在。以娱乐为主的作品通常包含两种类型：幽默搞笑和虚构人物的创作。这些作品可以直接表达作者对复杂世界的理解和态度，也可能通过含蓄或间接的方式表达。这种绘画风格充满了浪漫主义元素，并常常包含讽刺或幽默的元素。它的与其他画作明显有别之处在于其独特的创作思路和表现技法。它呈现了讽刺幽默的创意风格，同时，承担了社会意义上的认知、教育和审美功能。1925年，丰子恺的绘画作品在上海《文学周报》上连载，而该刊主编郑振铎则将其特殊风格的作品称作"漫画"，这一术语自此在中国开始流传。

日本人使用"漫画"一词，以铃木焕乡为最早，但是他使用的"漫画"一词仍然来自古代中国的一种名为"漫画"的鸟。一般而言，学界认为风俗画家英一蝶于1769年出版的《漫画图考群蝶画英》一书才是作为绘画种类的"漫画"一词的真正出处。其后，江户时代后期的小说家、风俗画家山东京传（绘画作品用名北尾政演）在1798年出版的绘本《四时交加》的自序中提到"漫画"。1814年，日本历史上最著名的浮世绘画家葛饰北斋，首次出版《北斋漫画》，共十五篇，约四千幅图，为彩色折绘本，"漫画"之称遂大行其道。虽然学术界对动漫和动漫产业的定义有所不同，但是业界和受众认为动漫产业以"创意"为核心，主要表现形式是动画和漫画，包括开发、制作、出版、播放、演出和销售动漫直接产品，以及生产和销售与动漫形象相关的服装、玩具、电子游戏等衍生产品的产业。由于拥有广泛的发展前景，动漫产业被视为"朝阳产业"。动漫衍生品是以动漫产业为基础，利用原创人物形象，经过设计、制造等专业流程，开发出各种可售卖的产品或服务，例如，音像制品、电影、书籍、玩具、模型、服饰、饮料、保健品、文具等等。这些衍生品还可以通过形象授权，推广至更广泛的领域，如主题餐饮和主题公园等旅游产业和服务行业。世界第一个动漫衍生品形象来自华特·迪士尼创造的米奇老鼠，1929年米奇形象以300美元的价格第一次被授权给一家文具公司，此后，米奇的肖像被印到书写板上，从此开始了长达90多年的传奇。

（二）动漫文化创意产品的特征

动漫文化创意产品有以下三大特征：

1. 创意核心性

动漫形象诞生之后，所有的产品都以此创意为核心进行开发，动漫创意贯穿整个产业链条的始终，在长长的产业链条上的所有衍生品都是动漫形象深度开发的结果。以漫画《乌龙院》为例，作者敖幼祥的创作以"漫友文化"为切入点，完成了《乌龙院》的四大系列作品，随后又出版了与漫画相关的杂志及文化创意产品，使得《乌龙院》这部作品重新焕发生机。

2. 品牌增值性

动漫产业不断拓展，动漫品牌逐渐形成独特优势，借助动漫作品的力量推动衍生品销售，提升动漫产品附加价值。文化创意产业处于产业价值链的高端，涵盖了技术创新和研发等领域，因此具有高附加值。在文化创意产品中，科技和文化的附加值比例较高，相比普通产品和服务，它们更富有高知识性和智能化的特征。这是由于文化创意产业广泛应用了信息技术、传播技术和自动化技术等现代技术，所以，两者之间具有密不可分的联系。常见的传媒媒介，如电影、电视等，是通过结合光电技术和计算机仿真技术等手段来完成创作的。

3. 形象的独特性

动漫形象是动漫衍生产品的灵魂，创作者在形象塑造方面的可发挥空间较大，可以采用夸张变形的手法最大程度地体现出动漫形象的独特个性。动漫作品中动漫形象以夸张强烈的面部表情和诙谐幽默的肢体语言呈现出富有想象力且独特的视觉体验，这也正是动漫形象被大众所接受和喜爱的主要原因。以风靡全球的迪士尼动画电影《冰雪奇缘》中的"雪宝"形象为例，它性格开朗热情，富有幽默感，常常把场面变得搞笑，无疑是这部动画的亮点之一。动漫形象的应用范围广泛，不仅可以从一部作品中提炼出一系列相关形象的造型产品，更可以将动漫形象延伸运用到我们日常生活中的文化创意产品的设计中。

（三）动漫文化创意产品的分类

简单来说，动漫文化创意产品就是创意价值的产品化。各种艺术品、文化旅游纪念品、办公产品、家居日用产品、科技日用造型设计等都可能成为文化创意产品。一个新鲜的创意让一件产品附加上超出用户期待的文化艺术价值、智慧创意价值，让大众心甘情愿地接受并产生购买行为，便是文化创意产品通行天下的理由。

根据不同使用场景分类，可以将动漫文化创意产品具体分为以下类别：

动漫游戏：原创动漫、原创游戏。

传媒出版：报刊发行、图书出版、影视剧本、书稿交易、电子出版物。影视音像 DV 作品、歌曲创作、影视制作、音像制作。

服装服饰：首饰、服装、手表、丝巾、手包。

创意邮品：纪念邮折、纪念卡、明信片。

文具产品：便签本、笔记本、书签。

琉璃制品：摆件、名片架、饰品。

电子优品：鼠标套装、电子音箱、卡式 U 盘。

生活随行：徽章、冰箱贴、随行杯、化妆镜、幻彩包、钥匙扣、餐垫、手机饰品。生活随行品是动漫文化创意产品中较为常见的类别，随着国民文化需求的日益扩大，消费者对于能满足精神文化需求的动漫文化创意产品更为青睐。如星巴克的暖暖熊系列钥匙扣，以宫崎骏著名动漫电影《龙猫》为依据制作的系列文化创意产品，都是以著名动漫 IP 形象为题材设计的文化创意产品，凭借在粉丝群体中的影响力和号召力，受到热烈追捧。

二、动漫文化创意产品的设计表达

（一）动漫文化创意产品创意方法与整合

像其他设计产品一样，动漫文化创意产品也能够发挥实用、审美和认知等方面的功能。在产品外观上实现审美功能，让人们感受到美好和愉悦。为了实现这种审美效果，设计物需要蕴含许多超越感官的文化和精神内涵，从而激发人们的生活情趣和价值体验。纸雕作品《龙猫》利用光影相互作用和正负形交替运用，创造出让人感觉通透和温暖的视觉效果。为了达到文化创意产品的美学效果，需要使用特定的文化元素作为媒介来表现。这些文化元素可以被分为两个不同的部分。生活方式文化是由器物文明和行为习惯两部分组成的，而价值观念文化则是由精神文明和意识形态两部分组成的。

在设计动漫文化创意产品时，需要从受众的生活方式和价值观入手，深入研究，并力求通过产品传达人文价值观，从物质和精神层面为受众提供愉悦的体验。动漫文化创意产品设计，是设计师思考并表达与产品相关的价值观和生活方式的一种创造性表现。设计师通过将与生活方式和价值观念有关的视觉概念转化为形式语言，让观众从中获取到充分的信息和情感认知，实现视觉传达的目的。除此之外，动漫形象作为一种具备叙事性、包容度极高、不受政治色彩限制的造型手法，可以被应用于文化创意产品的设计中，并且可以通过其具象化的表现方式实现创造性思维，这是其与生俱来的优势。

动漫的文化创意产品设计的创意可以从生活方式、价值观念与情感因素三方面获取。

1. 生活方式

人们物质层面的文化现象就是生活方式。它包含满足人们衣、食、住、行所需的所有生产生活资料。这是一种人类发展成果，是人们在适应各种生活环境的过程中获得的，是人们价值观的物质体现。所谓文化意蕴，更是人们生产生活的过程中还产生了特色各异的风情，也就是文化意蕴。

生活方式还涉及社会制度、风俗习惯、道德观念等与社会活动相关的方面。这一现象在当代旅游活动中日趋显著。人们旅游的原因在于探索异域文化的风情和人生体验，从中获取放松身心、调整生活节奏、追求精神愉悦的效果，让自己能够获得与平常不同的感受和生活体验。在这个过程中，人们毫无疑问能够直接感受到自身各异的生活方式。要获得创意，首先要抓住的要点是在衣、食、住、行等方面体验新鲜感。通过挖掘生活方式的创意灵感，我们可以创造出真实而生动的作品，让观众深入了解人文环境，感受当地人的情感，获得文化上的启迪，同时满足审美需求。此外，我们还可以从生活方式的角度出发，收集自然景观的创意元素，并发掘其中的创意亮点，这可以有助于我们避免文化创意产品同质化，在开发过程中更具有意义。

丰富的地域条件造就了不同地方之间人们不同的生产生活方式，设计师需对各地方"五里不同音、十里不同俗"的生活方式有清晰的了解与分析，结合当地文化特色开发出有全新审美体验的文化创意产品。藏戏是西藏的传统民间表演活动，以"藏戏面具"为元素设计的文化创意产品"藏戏面具文创胸针"，从西藏人民的生活方式中提炼出具有代表性的图像样式，丰富了观赏者对藏式文化的认识。因此，结合人们的生活方式因素进行设计，这种思考方式不易遗漏创意元素，对掌握的材料资源易于形成立体的体系归纳，便于创意联想的展开。

2. 价值观念

人类的精神文化层面决定着他们的价值观念。设计师可以通过检索和分析当代大量的理论思想，探索和融入人文精神的价值观念。从文化产品的角度来看，我们需要考虑创意对象所处的文学流派，以确定适合开发文化创意产品的背景环境。在人类文化的演进过程中，它有哪些影响？是否创造过演艺形式？戏剧的形式及风格是什么样的？他信仰和信奉哪个宗教？按照什么样的伦理学理念来行事？具备何种商业素养？哪些团队协作策略得以实现？引发了多少品牌崇拜和文化追捧？在当地，名人文化与受众的道德和价值观存在一定的差异，当地出土的文物也呈现出独特的文化形态。当地社会生活、传统习俗及民族性格受这些不同地域的意识形态、艺术形式和宗教文化的影响，程度不同地呈现出多样化的特征。具体表现在视觉方面，不同民族、地区形成了各具特色的视觉体系，这为创意的获取提供了丰富的素材，同时为创意的表达提供了借鉴。因此，视觉系统是一个源源不断激发创意的良好渠道。

价值观念是先民在漫长的历史长河中积淀而成的，相对于生活方式具有稳定性和持久性。在相对稳定的环境条件下，人们的价值观总是相对稳定与恒常的。

3. 情感因素

卡通造型语言作为一种"叙述性的、无差别的，无对抗属性的、无政治倾向的"造型语言，可以与各式各样的文化元素结合。它作为文化创意产品的造型语言具有先天优势。而"可爱文化"作为卡通造型的情感内核则直接影响设计师的创意思维。以日本 Docomo 出品的鹦鹉兄弟为例，它们的特征是蠢萌的面部表情和憨态可掬的动作，是为推广 Docomo 公司积点卡而登场的人气角色。现在"可爱"俨然已经成为雄霸全球的一大文化现象。

我们可以到年轻人聚集的繁华市区，如商场、游乐场和艺术社区等地方，观察他们所接触到的环境。从路边的广告张贴、店铺的商标和电子显示屏，乃至于他们的服装，都充满了"可爱元素"的色彩。在一些传统场所，原本应该显得严肃的空间里，却放置了巨大的动漫人物形象。当我们更加仔细地观察，会发现行人背上背包、手机上的卡通挂饰，以及商铺里升华为礼品的玩偶。一些年轻人穿着印有卡通形象的衣服，或是穿着卡通人偶服装。这个选择背后的动力就是人们对可爱的追求。

伴着日式动漫席卷而来的是"宅文化""萌热潮"，可爱文化在诸多亚文化群中，有着非同凡响的亲和力与影响力，已成为一种具有全球影响的亚文化（亚文化又称集体文化或副文化，指与主文化相对应的那些非主流的、局部的文化现象）。可爱文化的特点在于卡通形象本身带来的亲和力，可成为某个比赛、活动、品牌、事件、地区的代言人，为观众和用户带来更直观和谐的体验。

日本设计师在兼顾各地传统文化特色的同时，以可爱的卡通形态，去政治化的形象示人，"萌"化的文化创意产品给人带来愉悦的使用体验，消除文化差异带来的情感认同缺失，这就是卡通形态的魅力所在。

（二）动漫文化创意思维的发展环节

不同文化背景的受众群体有不同的文化期待，如果他们置身于陌生的文化环境下，面对与他们自身经验不同的文化创意产品时，可能会误解设计创意的意图。观众通常会根据自身所属的文化背景，产生符合自身文化氛围的期待和看法。在整个购买过程中，受众的心理状态和情绪是至关重要的，它们会影响其动机和决策过程。人们的购买需求往往源于购买动机。在高温季节中，人们倾向于寻找凉爽的区域、减少剧烈活动，因此他们会有购买遮阳伞、扇子等用品的需求。掌握受众的思维意识倾向，巧妙地利用时间，将创意的层次拓展丰富。

以故宫彩绘陶人俑情侣晴雨伞的文化创意产品设计为例，此套产品的创意元素来源于故宫博物院藏唐代陶瓷绘女俑与唐代陶彩绘胡人俑。此设计将唐代的汉人妇女形象与胡人男子形象相结合，制成晴雨伞的伞帽和伞托底座，一方面诠释了唐代雕塑之美，另一方面也寓意着每个日出阴雨始终有君相伴的美满爱情。该设计不仅符合情侣受众氛围的文化期待，引发受众产生购买动机，而且在炎热季节的自然环境中，受众会产生购买伞的动机，从而使它的创意的层次变得更加丰富。

此外，用户的情绪以及心态作为一个主观的意识，可以较为直接地影响创意体验。尤其在一定的认知基础上，更会作出具有倾向性的情感反应，这体现了人的主观倾向性。这种主观倾向性会影响受众对文化创意产品的认知与理解。好的文化创意产品能够调动用户的积极情绪，如快乐、满足、荣耀、激情、感动等；克服负面的情绪，如不安、焦躁、烦闷、挑剔等。在创意时加以利用，满足受众的审美体验。具体到设计活动中，创意思维发展大致经过了三个紧密相连的环节：准备与酝酿、入手与发展、确定与反馈。下面，以熊本熊的设计为例说明这三个环节：

1. 准备与酝酿

准备与酝酿阶段对一个文化创意的形成至关重要。在这个过程中，我们的灵感遭遇了多重阻碍。基于"生活方式与价值观念"原则，我们采用了灵活的方法，打破了根深蒂固的模式，探索了多种途径，深入了解与文化创意产品相关的"生活方式"，亲身体验生活，并汇集了众人智慧。这一过程逐渐让我们对项目的运作形成了初步印象。设计师可以前往具有代表性文化聚集地，并与当地居民亲密交流，以获取来自第一方的信息，利用这些信息进行创意设计。通过亲身经历和鲜活故事的感受，很可能激发出新的想法和创新概念的涌现。熊本熊是水野学设计理念的典型代表，他主张"设计不是从无到有，而是本来就真实存在的事物，而设计则是怎么样想办法让它产生出新的产品"，水野学在设计之初亲临日本九州岛的熊本县体验了当地文化和人文风土，做了实地的调研工作，熊本熊的每个设计元素都源于他在熊本县体验到的日常生活。例如尽管日本的群马县、鹿儿岛县和熊本县的名称中都含有动物，但是只有熊本县在日语的读音和动物的熊的读音相同，水野学因此将吉祥物的原型设定为熊。

2. 入手与发展

入手与发展的阶段是指在思想汇聚的过程中，各种想法以不同的程度逐渐发展，它们的贴切程度因人而异。在设计的演进过程中，设计师需要以特定方式逐步捕捉设计元素，并进行认真思考。在进行发散性思考时，应该保持开放的心态，不轻易否定看似不成熟的想法，也不要过度花费精力在某一个构思上。在熊本熊的设计过程中,设计师们不断对其进行改进和完善,创造出多种不同的外形、姿态和动作,并以此为基础构建了一个丰富多彩的故事世界。

3. 确定与反馈

在进行构思的确认与推广时,要转换自己的思维方式,从发散性思维转换到聚合性思维。在几个方案之间对照、类比,判断想法是否满足创意的需求。这能体现出团队的强大之处,相互之间的检视与反馈,可以有效规避固有思维与自满情绪的干扰。在熊本熊为人熟知之前,要让这只熊走进日本民众的视野,投放广告是最直接的方法。但是,熊本熊的推广预算并不多,网络成为最好的营销阵地。

2010年9月,熊本熊的推特(Twitter)账号正式登录上线,作为信息集散平台,这是公众了解它最直接的渠道。在当地政府的推动下,熊本熊开始走上事件营销的路线,"网红"生涯正式开启,甚至还参加了综艺节目和影视剧拍摄。

熊本熊作为熊本县文化创意产品的代表,其带来的经济效益远超预期。据日本地方金融机构估算,这只熊自诞生起至2013年第三季度为熊本县带来的经济效益高达千亿日元。熊本熊的策划团队为扩大传播效果,授权允许使用熊本熊形象的商家,不需缴纳费用。不到三年,世界各地遍布带有熊本熊形象的文化创意产品,熊本熊被世界各地的人所熟知。

三、动漫形象与产品造型的创造规则

(一)卡通形象设计要遵循一定的造型规则

动漫形象本身是经过设计师处理,具有表现意味、带有叙述性的造型,这一类别的造型在受众的视知觉体验中,图形与背景通常由边缘线进行区分,边缘线也很自然地成为图形的一部分。完成视知觉的完形效果,要求一整套的文化创意产品在图形特点、色彩特点、材质特点上保持一致或相关联,让受众可以把它们当作一个整体来感知。

以北京2008年夏季奥运会吉祥物福娃为例,设计师将动漫形象演化为五个吉祥物造型,以象征五种不同的含义。福娃晶晶以熊猫象征大地的力量与生机,福娃迎迎以藏羚羊轻灵活泼的动作传达体育运动的动态美,福娃贝贝以仰韶文化的鱼形表现了海洋与收获的含义,福娃妮妮所用燕子风筝形象则是北京的传统视觉符号之一，福娃欢欢的火焰象征奥运的圣火与人类文明的起源。整套吉祥物力求结合"五色""五行""五洲""五环"的形象寓意，试图将奥运精神与中国传统文化相结合，对奥运五环作出富有中国特色的诠释，完成视觉形态在语义上的体现。

福娃的头部、躯干和四肢均采用圆弧线作为基本造型单位，赋予他们寓意的装饰图形统一集中作为头饰出现。在线条特征上采用毛笔勾边的机理，观察平面设计稿可以发现"中国化"的吉祥物宛如"中国画"，结合北京奥运会会徽"中国印·舞动的北京"，再次强调了吉祥物的中国味。在福娃的位置关系上，也追求配比的均衡。熊猫在黑白关系上，属于"黑"，视觉感受厚重，动作也相应地具有收敛性，其余的福娃在黑白关系上属于"灰白"，动作幅度也相对较大，追求扩张的画面效果，五个福娃的排列在统一中寻求变化。设计师为了将五种具体形象融于一个体系中，从含义与造型等方面为吉祥物设计了一套造型规则。五个福娃的造型与所要表达的意向达到了视觉上的趋合，形成了一个整体，满足受众对系列吉祥物整体感知的需要。

可见，动漫的文化创意产品设计遵循一定的造型规则，有利于受众将产品各个造型看作一个整体。各部分的造型要素符合受众的完形期待，使造型所呈现的创意得到完整、全面、有层次的解读。

（二）文化创意产品的环境效应

产品造型与产品的使用环境相互作用，构成了产品的环境效应。特定的情境下，文化创意产品可对环境产生主导效果，改变原有的环境氛围，形成以自身特色的视觉感受，要获得这样的视觉效果需要外部环境的相对单一，比如，展厅、会场等视觉元素相对统一的自然环境。对于特定的文化创意产品而言，为了在特定的空间迅速展开视觉场景效果，达到烘托气氛的目的，就要求产品形象需具备一定的体量感，特点明确，色彩效果强烈。如知名艺术家草间弥生以花朵为视觉符号，通过使用不同颜色和大小的花朵，创造了一个气氛热烈且富有视觉冲击力的精神世界。

卡通造型语言的应用是设计师对环境主观改造的手段，根据文化创意产品应用目的的不同，对环境产生的影响大致可以分为与环境共处融合及主导环境视觉感受两类。有意识地营造产品的环境影响是动漫文化创意产品的最高境界,利用动漫风格造型灵活变通,设计师要充分发挥主观意识的作用,调整文化创意产品与环境的关系,形成一定视觉氛围,令使用者产生共鸣,与自然环境与社会环境相适应,同时具有较大的容错率。以2005年日本爱知世博会为例,不论是会场建设创意,还是展馆的设计以及所展示的材料技术与传统特色,都遵循与自然和谐共处的原则,世博会以最新的科学技术,展现各国和各个民族与土地和大自然之间的深厚联系,以及在这种联系的基础上发展起来的文化和精神特点。其世博会吉祥物为森林小子 Kiccoro 和森林爷爷 Morizo、森林小子喜欢到处乱跑,他精力旺盛,总想观看这尝试那,充满好奇和活力,天真、明快、常常惊喜,喜欢森林爷爷,也很尊重爷爷;森林爷爷和蔼可亲,又不失威严,他知识渊博,又充满好奇心。森林小子和森林爷爷作为爱知世博会的吉祥物,以家庭成员的组合呈现,代表着森林的精灵,有着很多神奇的力量,以森林爷爷和森林小子形象开发的动漫文化创意产品,在此次世博会中受到大众的喜爱。既传达了"自然的睿智"的主题,也和世博园环境协调统一,是产品形象与周围环境和谐相处、相互促进的典例。

(三)构建和谐有序的秩序美

美国数学家帕克·霍夫提出"审美度"来考量秩序美感,他认为有秩序感的事物容易引起受众的审美愉悦,秩序感不明确或复杂的物体因其视觉上的不易把握,需要消耗观者较多的精力,故不易引起受众的注意。所以和谐有序的秩序美,本身能给人带来美感体验,方便设计美的传达,造型结构的设计应明确文化创意产品在空间中的位置状态,形成潜在的位置秩序。例如,水平结构的床、沙发、机械设备等,它们的主体线条是沿着水平方向展开的,给人一种静态或稳定的感受。而倾斜的座椅、摩托机车等给人的是一种动态美感。垂直的灯具、酒瓶类容器给人以凸起、挺拔的感受,形成潜在的位置关系,给人带来美感享受。

宜家陶瓷多用密封罐,在造型上赋予密封罐音乐般的韵律感,以一种流动的形式感,跳跃生动。

竹制茶具套装将南瓜纹理的质感巧妙地运用到茶具设计中,形成不同类型产品之间的隐喻,以肌理符号融通了饮食文化与生活情调和感受。该套茶具的设计语言刷新了用户日常的视觉感受，把握住了造型风格跨界的分寸，不失为构建和谐有序的秩序美的典范。

四、动漫文化创意产品系列化设计

卡通画的造型可以轻而易举地实现生动表达，无差别地让受众获得直观印象，也具有一般图像信息的普遍不足，如概念不明确、脱离情景、容易产生误读等特性。动漫卡通形象的造型具有信息直观、具体鲜明等特征，同时，它所包含的内容很难进行完整的文字表述。要确保动漫文化创意产品造型在设计中得到正确解读，可采用系列化的产品设计方法，以形成"商品的商场"效应，使其始终不脱离原设计的语境。从传播学的角度上看，成系列的产品易于产生情节化的场景，有助于引起受众的注意，把卡通形象亲切、可爱的正面情感转化到其他方面，比如引起消费者购买、拥有的意愿。系列产品本身是一种重复，受众浏览系列产品时好似在一段时间内接受广告的重复刺激，加深卡通形象对受众的影响，巧妙地刺激受众的认知，使产品故事深入人心。

（一）动漫文化创意产品整体与细节的关系

动漫文化创意产品在形成主形象之后，为了实现传播效果的最大化，往往需要延展产品系列，扩大产品种类，乃至形成视觉识别系统的应用。这要求系列卡通形象造型需要具有相关性，以确保系列中的每个部分都可以作为整体之一而被感知。强调整体与细节的区别，整体的对比引领细节的对比。也可以使用统一的元素，使不同的造型产生整体感。动漫文化创意产品的开发，不仅是动漫人物形象的简单复制，更应该与故事情节和受众的体验紧密关联，以美国漫威超级英雄美国队长动漫文化创意产品为例，使用美国队长盾牌元素进行设计开发的数据线套装，由于盾牌是美国队长的随身武器，识别度高，特征明显，容易引发使用者对漫威作品的想象和情感共鸣。

（二）动漫文化创意产品系列化的影响

动漫文化创意产品系列化开发能扩大其文化影响力，形成产品文化氛围。文化创意产品的营销若要创造更大的价值，必须对产品进行系列化、规模化的构建。系列化的文化创意产品有利于在推广与流通环节确立与其他文化创意产业的合作关系，有利于文化创意产业链上具有核心地位的企业，如文化商品经销商、大型旅行社、大型网站等的产品分销。

一方面，系列化的动漫文化创意产品给人的视觉感受相较于单独的形象对环境产生的效果有较大差别，系列中每个造型之间的协调关系提高了受众对整体形象的感受；另一方面，系列化的文化创意产品会对营销，以及其他相关产业的协作产生积极影响。当今的文化创意产业链中，各行业间的壁垒日益降低，创意产业链紧密联系。应充分把握好这种关联原则，进行设计开发。星巴克2018年新年推出的文化创意产品，是系列文化创意产品的典型案例，该系列产品包括新年好运杯、杯盖、徽章、挂件、窗花以及红包封，具有喜庆意味的中国红贯穿于整个系列的产品之中，产品皆以"狗"作为主要元素，以此来呼应2018中国狗年，年味气息不仅体现在产品的用色和设计元素上，还洋溢于设计师对产品类型的选择上，无论是窗花还是红包都是中国人过年的必备产品，很好地迎合了中国传统文化的语境。

（三）讲述产品故事

讲述产品故事是展现生活方式、推销价值观念的有效手段。成系列的文化创意产品可以讲述受众不了解的产品故事，使得卡通形象的情态特征变得充分完备，背后的价值观念得以表达。

比如，广东财经大学的一位学生设计的原创动漫形象《晴兵天将》，其故事设定为：晴空之国建立之后，国家实行的休养生息政策使百姓不再饱受战乱之苦，国力逐渐强盛。然而有一天，帝国丞相与黑巫师发动一场恐怖政变，丞相囚禁了晴空国贤明的君主，并将皇后纯净的灵魂作为祭品施禁忌黑巫术，全国普通士兵都变为被他驱使的兵俑，邪恶丞相和黑巫师从此控制了晴空国，这次政变被称为"兵马俑事变"。残暴的统治下，晴空国子民再次进入了一段黑暗的历史。主人公秦兵是一位正义勇敢的将军，在"兵马俑事变"当天于乱军中救出皇帝和战友之子小金子逃出秦都。他们在被追杀的路上受墨家墨子所救，随后入仙人山学艺6年，仙人告诉秦兵，只有7个有着最纯净的七色灵魂的人齐心协力，才能破除黑巫术，拯救这个国家，为了人民、国家、君主以及那些被邪灵附体的战友，他踏上了注定充满荆棘坎坷的英雄之路……《晴兵天将》中人物设定有22人，有着不同的来历背景和性格，形态各异，造型多样。通过故事的设定，人物形象更加有血有肉，与读者内心的"英雄情结"产生共鸣，从而使人物形象深入读者内心，把《睛兵天将》的动漫人物形象用到文化创意产品的系列化设计中，丰富了产品类别，不同的人物动态组合间接呈现了故事剧本的内容。

五、动漫文化创意产品的使用体验

（一）以人为本的设计原则

动漫的产品形象与用户的认知具有一定差距，这对构建用户使用体验和产品形象的人机关联提出了要求：在利用认知差距做设计的同时要保证以人为本的设计原则。著名认知心理学家唐纳德·A.诺曼教授认为，一个好的产品设计应该具备易于理解和易于使用两个特性，设计应该遵循两个基本原则：提供一个好的概念模型和可视性。总之，一个好的概念模型能使我们预测操作行为的效果。

（二）符合人的使用心理

现在许多造型美观的文化创意产品，因为不符合人的使用心理，导致设计的不成功。如一个白色的环保袋，人们在经验的惯性理解上会生出"不耐脏"的意识。为了调整受众心理经验，在做设计时进行有目的的引导："本白·自然·不染色·更环保"，使用环保袋的行为是一种使大自然洁净的环保行为，抵消原来白色不耐脏的思维定式，使受众从有意识地应用产品，变成一种使用产品的习惯。

（三）生产工艺与使用体验

生产活动可以引申为产品造型的初次应用。在接受消费者检验之前，综合考虑所用材质、材料、加工技术的各种可能性，实现效益的最大化。无印良品设计师依据日本社会崇尚环保、节约资源的生活理念，推出"干香菇碎"的袋装食品。该产品只是将挑拣完整香菇剩下的残次品收集起来，再打包出售，因其珍惜资源、节约能源的环保理念，碎香菇变成了设计物。产品一推出就广受好评，以至于搜集不到那么多碎香菇，只好把完整的香菇打碎出售。这足以说明生产活动中辩证地看待生产工艺过程与使用过程，对于提供良好使用体验有很大帮助。

第四节 红色文化创意产品设计

红色文化是具有鲜明中国特色的先进文化。中国红色文化概念范畴广泛，它既包含中国革命过程中所形成的各种革命精神，如延安精神、长征精神、井冈山精神等，也包含各类现存的革命物质形态，如历史遗址、遗物、纪念馆等。而红色文化创意产品就是以红色文化为创作主题，把文化创意产品和红色文化元素相结合，经由创意转化，并借助现代材料或科技对其进行创造与提升，进而产生的高附加值产品。随着国家对弘扬红色文化和红色旅游产业开发的重视，对红色文化创意产品的市场开发变得尤为重要。

一、江西红色文化基因概述

江西是一片充满红色记忆的红土地，红色文化自革命年代开始就深深扎根于江西这块红土地中。中国革命先辈们在江西相继建立了革命基地。江西红色文化的价值并非局限于革命家们勇往直前、义无反顾的英雄精神，还蕴含着革命家们开拓创新、追求新生活的理念。江西红色文化源源不断地提供着精神力量，具有重大的历史意义和现实意义。

英国生物学家理道金斯在作品《自私的基因》中提出"迷因"（Meme）的概念，也被称为"文化基因"，定义为"一个文化传播或模仿单位"[①]。为使受众能够充分理解和解读江西红色文化，研究将进化论的思路扩展到江西红色文化创意产品的设计领域，通过分析文化器物的进化和发展规律，解构其属性和内容，重组后以获得新的具象或抽象的文化形态。

（一）形态基因

江西是红色革命的发祥地，留下了许多革命家战斗的足迹。其中有南昌八一起义纪念碑、瑞金红井、井冈山黄洋界哨口等红色风景区，还有红军帽、马灯、扁担、草鞋等红色器物。挑选红色建筑或物件的显著特性进行形态分析，根据形态的主要特征线制作江西红色文化形态基因图谱。当人们看到融合在产品中的这

---

① 里查德·道金斯（Richard Dawkins）. 自私的基因[M]. 卢允中，等译. 长春：吉林人民出版社，1998：45.

些形态基因时，他们会想起战争年代的历史及其背后的强大的红色文化底蕴。

（二）纹样基因

在对江西红色文化的革命事迹、红色家书、历史图片理解的基础上，人们对红色文化相关材料的回忆往往有着相对具有概括性的印象，脑海中常常构想如红星、镰刀、火把等结构简洁的造型。通过对江西红色文化的整体印象，进行象征与抽象的艺术手法来提取纹样，形成江西红色文化纹样基因图谱。在江西红色文化创意产品设计过程中，可以参照纹样基因图谱增加辅助图案及装饰纹案，深化使用者对江西红色文化的记忆。

（三）色彩基因

红色是贯穿江西红色文化的主旋律。红色使人联想起红旗、映山红、血液、革命、太阳。从色彩情感分析，红色蕴含着兴奋、热情、革命等色彩情感。除此之外，蓝色使人联想到天空、水域、红军服，包含理智、深远、冷静等色彩情感，棕色使人联想到泥土、陶器、树皮，具有沉稳、朴素、安定等色彩情感。配合江西红色景点和红色器物，提取江西红色文化色彩，形成江西红色色彩基因图谱。

（四）材质基因

不同材质表现出各种各样的功能价值和视觉感受，材质的机理和质感的差别对使用者的体验是感性且持续的。在物资匮乏的时代，红军战士只依靠粗布毛巾、草鞋等简陋的生活必需品艰难地翻越雪山走过草地，使用自制马尾手榴弹、刺鱼刀等简单武器战斗。因此，在红色文化基因的提取中，可选择凝练未加工的天然材料或经过粗加工的材料，作为江西红色文化材质基因，体现出革命家们坚定的革命信念和不屈不挠的革命精神。

二、江西红色文化创意产品设计流程

设计界针对文化创意产品设计采用的方法繁多，包括情景故事法、仿生设计、感性工学等质化或量化研究方法。由于文化创意产品是从文化的观点出发，寻求文化意涵与产品造型的脉络关系，解析产品背后的文化符号，了解其所具有的文化故事和象征价值。因此，作者提出结合文化基因和符号学理论开展对江西红色文化创意产品设计的研究，设计流程可分为以下三个阶段：

第一阶段：江西文化基因的提取。对江西红色文化中有形的外观形态、无形的精神状态和精神意识等文化属性进行资料搜集和分析，选取适合运用在现代商品的符号元素。

第二阶段：江西文化基因的转化。通过设计的思考逻辑和运用符号的能指与所指，运用各种发散与收敛的设计手法，将文化基因转换并呈现在文化商品中。

第三阶段：文化创意产品设计实践与评价。设计师将自己的情感体验投射在商品上，触发用户的情感共鸣，将转化的符号通过设计师的层级能力进行创作，从而达到满足顾客的情感需求，进而增加江西红色文化的认同感。

三、江西红色文化创意产品设计实践

可以以南昌八一起义纪念馆为灵感，提取南昌八一起义纪念馆的形态、纹样、色彩、材质等红色文化基因，将其转换为文化创意产品——共享充电宝设计。

（一）形态基因提取

受革命故事、英雄人物、红色诗歌等初期记忆的影响，游客到访八一起义纪念馆参观时，会将符号式印象和建筑物的形状特征在头脑中很快地关联起来。经过艺术化加工后确立与生活经验相联系，使用符号学理论将这些文化符号转换成形态基因。

（二）纹样基因提取

提取八一起义纪念馆窗户作为视觉元素，运用解构、结构、重构、混搭的手法，将其秩序化排列设计。结合使用功能进行立体化设计，使其同时具备实用性和趣味性，赋予产品新的价值，通过共享移动电源这个具体物象载体将地域文化内涵特点表达出来。

（三）色彩基因提取

合理的色彩搭配不仅能让文化创意产品产生和谐的视觉效果，还能够强化感受、渲染情感。共享移动电源整体色彩取自南昌八一起义纪念馆木窗漆的红色系与外墙体的灰色系，充电桩大面积采用低饱和度的天灰色和铅色，凸显产品层次

感，渲染出革命家们在南昌起义中，对通过斗争和牺牲来解放劳动人民，使得广大人民群众能够进入自由新生活的深切真挚的心情。移动电源选用明度与饱和度较高的中国红，象征着"星星之火，可以燎原"。

（四）材质基因提取

共享移动电源材质基因源自南昌八一起义纪念馆的建筑材料，提取外墙体的水泥材质、木窗的原木材质，以及彩色花窗的玻璃材质。在移动电源的设计中保持自然原木的温柔触感，充电桩设计保留玻璃花窗设计作为产品装饰点缀，总体使用现代注塑、磨砂等工艺，模拟水泥粗糙的视觉与触觉感受，使产品轻量化并能够长期保存，满足多样化使用场景。

根据上述符号学方式凝练的红色文化基因图谱，运用分解、结构、重构和混搭的方式完成形态基因、纹样基因、色彩基因及材质基因交叉互换，自由组合。通过不断深化设计，以此丰富红色文化创意产品的形式与种类，提升实用价值与艺术价值，以具体物象介质传承和弘扬江西红色文化。

地域特有的文化和地方旅游业的发展相辅相成，充满意趣的地域特色文化创意产品能帮助人们回忆起美好的旅行时光，这种情景记忆提升了游客的满意度和景点的风评。人文气息浓厚的景点带动着相关文化创意产品的关注度和销量，相应地，设计精良的地域特色文化创意产品可以刺激地方旅游市场经济。江西红色文化具有丰富的历史内涵和深刻的革命精神，将其融入生活，积极引导大众追求正向价值。利用符号学的解构理论，将江西红色文化通过提取文化基因的方式探寻文化价值，并实体化地浓缩凝练到文化创意产品设计中，在新的时代环境下增添新的内涵。

第五节　传统文化创意产品设计

市场上文化创意产品种类繁多，各具特色。从广义的角度来说，与文化有关且被某些群体所认可的创作，均可以称为文化创意产品；狭义上则是指附带传统文化符号的商品。传统于现代设计而言，是一个包含关系——"你中有我，我中有你"。所以，在现代设计中，将传统文化元素加入现代创作理念是非常有必要的，只有梳理好二者的关系，才能协调好传统文化元素符号与文化创意产品设计之间的关系。

一、传统文化创意产品的设计意义

（一）提升文化创意产品设计的水准

将中国传统文化运用到文化创意产品设计中，能够为设计作品的文化价值增加一定的分量感。评价一件文化创意产品是否优秀，饱含传统文化的意蕴将会成为重要的加分项。这更容易引起大众的心理共鸣。在文化创意产品设计的构成要素里，文化感的展现是提升整个产品的重要途径之一。传统文化具有丰富的构成元素，它们能够有效激发设计者的创作热情。设计者们巧妙地引用中国传统文化元素，并与文化创意产品设计进行有机融合，使产品在文化艺术内容与表现形式上达到统一，形成全新的视觉感受。这样在展现出文化创意产品设计独有视觉效果的同时，也使大众感受到它所体现的传统文化韵味。

（二）增强文化创意产品的艺术持久力

中国传统文化源远流长、博大精深，如此深厚的文化底蕴为现代文化创意产品的设计提供了契机。将中国传统文化元素，合理准确地应用于文化创意产品设计中，则是保障文化创意产品具有长久生命力的重要基础。设计师在文化创意产品设计的过程中立足于中国传统文化，探求中国传统文化艺术，将会获得取之不尽、用之不竭的设计元素，启迪设计灵感。在传统元素的参与下，会获得更进一步的深化与加持。赋予了文化创意产品中传统文化的绵长性与深厚性，融合了中华民族的文化艺术符号，拉近了大众与设计作品之间的情感距离，增加了大众对于设计作品的认同感，从而使其更具有艺术持久力。同时也为文化创意产品的设计，提供了新的设计角度。

（三）推动传统文化在新时代的传承

将中国传统文化元素运用到文化创意产品中，能够很好地促进传统文化在新时代的继承和传播。如北京故宫博物院出品的每一件文化创意产品的包装盒上，都附有产品的相关信息以及相对应的故宫文化来源。这不仅是在传递着故宫博物院的文化，更是在潜移默化中传递着中国传统文化。当今，传统文化情结已在大众心目中根深蒂固，越来越多的人倾向于选择具有浓厚文化气息的文化创意产品。在文化创意产品设计中巧妙地引用中国传统文化元素，将较为经典的传统元素作为设计的原型，可以有效凸显文化符号中的民族气质，更对传统文化的传承与发展具有深远的意义。

二、传统文化元素符号的应用原则

（一）区域民族性原则

民族地区的文化传承一直以来都是一个值得深入探讨的问题。对文化创意产品的开发，能够促使区域民族文化不再成为少数民族的"私产"，对原有封闭、落后的民族地区来说是一种有效的发展方式。能够改变在一定的时间和空间范围内自己内部所享用，为本乡或本族的普通百姓服务的生活所需的模式，将原先的乡土性质进行提升，突破随民俗生活自然传习的惯性并打破时空的界限，作为文化创意产品被他族所接受。作为"自用"功能的延伸，传统文化元素符号与文化创意产品的结合，是民族文化在"他用"中的体现，推动了文化的传播，消除了对民族地区原有认知上的"神秘感"，也孕育出文化内部新的动力和融合。文化创意产业的发展对民族地区的文化传承具有极大的推动作用，也为原有的自然发展提供了一种新的途径，民族地区的"物质产物"不再是孤立的，为服务小群体而存在的，而是以一种产业化、商品化的表现形式展示出来。而传统文化元素符号则会伴随文化创意产品的发展而发展，二者属于伴生关系，相辅相成。融入具有特色的传统文化元素符号已经成为文化创意产品设计的灵魂与核心，其独特的性质及功能，也符合现今文化创意产品的设计。

（二）认知性原则

从起初的"师法自然"到"和谐共生"等思想，都体现了生命与自然之间的共性，共性的特点贯穿着文化创意产品的始终。传统文化元素要经过选用、提取、再造、组合等步骤才能应用于文化创意产品上，这个过程的首要任务是对传统文化元素符号的本身进行认知，对文化内涵进行分辨。

而这个认知关系也构成了功能与形式二者之间的平衡。二者之间的强弱关系也会如"蝴蝶效应"一般，影响人们对于文化创意产品的不同审美需求，也造就了如今极致的简约和繁复的奢华这些不同的审美态度并存的局面。

（三）审美及指示原则

1. 指示功能

传统文化元素符号在文化创意产品设计中起到了重要的作用，因为在使用传统文化元素符号的过程中势必会传递某种信息和寓意。在一定程度上，传统文化元素符号是文化创意产品的附属品。设计师将传统元素应用于文化创意产品中不仅要传递元素的信息和寓意，还要用这种"隐喻、象征"的艺术手法，来加强产品及产品之间的物与物的联系。元素符号之所以能传递寓意，是因为文化创意产品本身就是一个文化符号系统，是具有表现与语言等功能的综合系统。

2. 审美情感功能

美学家克莱夫·贝尔（Clive Bell）在《艺术》一文中指出："一种艺术品的根本性质是有意味的形式。"[1] 传统元素符号作用于文化创意产品的设计中，就是一种有"意味"的设计方式，这种方式在某种程度上满足了受众的心理需求，还满足了其情感需求。另外，传统元素符号中的审美情感和艺术审美功能在某种程度上又是相同的，能够影响人的情绪，让人获得美的享受与感动。

三、传统文化创意产品的设计要点

（一）注重产品功能

文化创意产业不断发展，人们在物质需求得到满足的同时，对精神层面也有了新的要求，传统文化越发受到消费者的关注，设计师可以针对这一点推陈出新，将文化衍生品变为消费品。很多人认为传统元素过于陈旧，但是文化创意产品的进步让传统艺术有了新的发展，也融入了人们的生活。人们认为古玩只有收藏价值，没有实用价值，随着中国传统文化视觉元素在文化创意产品设计中的应用，人们的看法逐渐发生改变。故宫博物院文创旗舰店开设以来，一直受到人们的广泛关注，店铺中有很多具有故宫风格的生活用品，例如，马克杯、杯垫等生活用品，还有书签、文房用具、包袋服饰、宫廷饰品等。

---

[1] 克莱夫·贝尔. 艺术 [M]. 周金环，马钟元，译. 北京：中国文艺联合出版公司，1984.

近日，故宫与商家合作，推出了故宫系列化妆品。众所周知，故宫的藏品是5000年来人们审美的极致，合作化妆产品的推出既增加了收益，又推广了中国的传统文化。故宫与百雀羚合作生产的气垫BB，图案优雅美丽、大气磅礴，让人感受到了故宫的气质，体会到了故宫的文化底蕴。一系列中国风口红引起了国内外人士的关注，颜色来源于故宫国宝色，从后宫妃子的衣物与饰品中汲取颜色，口红包装上采用黄色、青色、红色、白色或黑色作为底色，同时，运用"宫廷蓝"与蝴蝶、蜜蜂、仙鹤等图案，加上水仙、绣球等象征吉祥的图案，让整体设计更加富有美感。将包罗万象的传统图案与时尚彩妆相结合，让中国传统文化视觉艺术爱好者更加迷恋故宫文化，也让当下更多年轻人对故宫文化有了新的认知。

在当今社会，将传统文化与文创产品相结合，不能仅仅注重外在的设计，还要注重产品的功能，二者合一，使之既具有美观价值，又具有实用功能，这样才会更加吸引人们的关注。

（二）简化表现方式

中国传统文化里，写意手法经常用于表现意境，这是一种抽象的概念，但是大众很难理解这一艺术风格，在当代美术表现形式中，简化表现方式更能吸引人们的目光，也更加容易被人们接受。将纯粹的中国元素融入日常生活，不用太多的设计元素，将最本质的文化内涵流露出来，用轻松诙谐的方式创造文化创意产品，反而会取得良好的效果。例如，北京故宫推出的"御前侍卫手机座"，造型对人物形象进行卡通形象化表现，让人眼前一亮，同时兼具了一定的实用性。传统文化元素进入人们的日常生活后，产生潜移默化地给人们带来文化熏陶，商品的热卖也会给将来文化创意产品的发展提供帮助，文化元素的创新与灵活运用，大大增强了消费者的购买欲望。

设计师们认为，抓住当代年轻人的喜好，就等于抓住了产品的未来。年轻人追求个性化，希望自己的物品与众不同，因此，文化创意产品的设计需满足这类消费群体的购买需求，充分展现自己的风格。例如，台北故宫博物院将宋瓷上面的冰裂纹织在袜子上，年轻人认为这很有个性，符合自己的消费风格。设计师从文字入手，将流行词汇融入文化创意产品中，例如，白富美、高富帅、小清新等，这样不仅提升了文化创意产品的亲切感，也增强了年轻消费群体的购买欲望，扩大了文化创意产品的受众范围，充满情趣化。但是，在注重文化创意产品个性化的同时，也要保持传统文化的内涵，不能因为过度追求个性而丢失文化创意产品原有的艺术价值。

（三）始终坚持工匠精神

何谓工匠精神？纪晓岚曾言："心心在一艺，其艺必工；心心在一职，其职必举。"① 意思是如若想把自己所从事的事业做得完美，就得倾尽自己的精力，不气馁、不放弃，才能超越梦想、成就辉煌。秋山利辉在《匠人精神》一书提到"一流人才育成的30条法则"，指出"培养一个人从技艺到品行所要的一切"。② 工匠精神渗透在生活与生产，以及设计中的每一个环节，并且形成了所独有的文化及精神内涵。而在文化创意产品设计中，工匠精神的呈现在于对文化创意产品的外观设计精益求精，对文化创意产品的附属品传统元素的提取和精雕细琢。每个时代都有独特的追求，但是工匠精神的"精益求精，精雕细琢"的理念一直是不变的。

"创新"一词是指对材料、工艺、造型等要素的全新探索，是对文化创意产品的一次"革命"。抱着对传统文化信仰的坚守及背后承载的文化与精神的敬畏和传承之心，出现了"创新"。但是真正的工匠精神，又是慎谈创新的。对于传统的认知和坚守越深入，对于创新的理解和探索也就越慎重。每个时代都存在不同程度的属于自己的"创新"风格样式。这种"创新"，一定是植根于传统与现实需求的"摹古酌今"。

传统文化元素符号的本身是一个不断变化的过程、我们看待传统，吸收传统也需要用辩证的眼光去看待，并不是所有的传统元素符号，都是可取的或可被利用的。对于这些传统文化的至宝，作为现代继承者的我们，应该辩证看待传统元素符号，取其精华，去其糟粕。将传统进行剥离，取用可行之物，应用于文化创意产品设计之中，才是正确对待传统、尊重传统。而不是单纯地将传统文化元素进行罗列、扭曲。

---

① 纪昀. 阅微草堂笔记[M]. 周倩，校注. 福州：海峡文艺出版社，2019.
② 秋山利辉. 匠人精神 一流人才育成的30条法则[M]. 陈晓丽，译. 北京：中信出版社，2015.

第五章 传统文化与文化创意产品设计

本章内容为传统文化与文化创意产品设计,从五个方面展开叙述,分别是文化创意产品设计中的传统文化元素、传统文化创意产品设计的观念、传统文化创意产品设计现状及问题分析、传统文化创意产品的设计方法途径,以及传统文化创意产品设计的实际案例。

第一节 文化创意产品设计中的传统文化元素

一、地域文化

地域文化是指中华大地不同区域物质财富和精神财富的总和，是艺术设计绵延不绝的源泉。

（一）地域文化的形成原因及审美特征

地域文化的塑造源于多重因素的相互作用。中华大地由于十分独特的地貌，以及深厚的人文底蕴，孕育了辉煌灿烂的历史文化。地域文化是一种特殊的社会现象。当前，中国文化已成为中国历史发展中多个地域文化的精髓所在，这些文化既保留着共性，又呈现出一定的独特性，同时，存在着冲突与深度融合。我国的地理环境、民族等因素的相互作用，在特定的地域范围内形成了独特的文化成因。中华民族的地域文化是由文化形态、历史遗存等多种因素，在特定地域范围内长时间相互融合逐渐形成的，它具有独特的地域性特征，并且不相同地区在审美取向且偏好也各不相同，从而创造出了巴蜀、关中等地丰富多彩的文化形态。

地域文化所呈现的审美特征主要包括以下三个方面：

一是地域文化是一个民族长期生产生活经验的总结，又反过来对社会经济发展产生重大影响。地域文化的塑造过程呈现出长期相对稳定的特征。在漫长的历史长河中，中华民族在不断适应与创新的过程中茁壮成长，同时，各地的文化形态也在几千年的演变中呈现出独具特色的面貌。

二是不同地域的文化之间相互渗透、相互融合，形成了一种高度包容的文化现象。各个不同历史时期的政治制度都会对地域文化产生重要的作用，从而促进地域文化发展与繁荣。在我国古代，政权的统一导致了不同地域人民的相互流动，这种流动带来了文化习俗的相互影响，尤其是在几个相互交汇的文化区域中，逐渐形成了一种融合了多种地域文化特点的独特文化。

三是地域文化的呈现方式呈现出独特的特质和广泛的影响。

（二）地域文化对文创产品的影响和启示

文创产品的设计灵感与基因，源自地域文化的独特魅力。从远古时期起，就出现过许多具有代表性的地域文化现象。"所谓文化或文明，即是知识、信仰、艺术、法律、风俗以及作为社会成员的人们所能获得的包括一切能力和习惯在内的复合性的整体。"[①] 若缺少对本土文化的敬重之情，便会忽视每一种文化的独特性，如文创产品的设计过程当中，若未对本土文化进行深入挖掘，则非常容易出现同质化的情况，从而使设计失去独特之处。

文化创意产品的设计不仅能够保护与传承当地的文化遗产，同时也能够为其注入独特的文化内涵。地域性思维活动所形成的文化认知，是一种易于自觉接受的文化行为，对文化的理解和认同实际上受到生存环境的制约与一系列影响，具有十分独特的习惯性与认知性，地域文化就某种程度而言决定了设计的主要文化特征。

随着时代的发展和科技的进步，我们已经完全处于在21世纪，这是一个强调个性化和人性化的时代，现代设计需要从特定地域的文化中不断汲取灵感，以激发当地居民的自信与自豪感，从而使这些地方呈现出丰富多彩、充满活力的面貌，进而促进经济和旅游的繁荣发展，最终实现对地域文化的有效保护与延续。在产品设计上融入地域性元素，能够丰富产品内涵，提高产品附加值，增加市场竞争力，与此同时对各地独特的文化特色进行深度挖掘，并以一种巧妙的方式将其融入产品设计中，可以为城市品牌的塑造与地域文化的传承注入推动力。

二、中国传统美学

中国古代美学思想的演进可以追溯到儒家、道家、禅宗以及楚骚四大流派，这四大思潮在不同历史时期的形成、演变和相互补充，形成了一种相互对立的关系，深远地影响着人们几千年的文化和日常生活。

（一）中国传统美学主张与设计特征

儒家强调"善"，儒家美学主张美与善的统一，强调善的核心地位。因此，艺术不仅要有美感，还要合乎礼教的要求，美与善的统一才能使人们在获得审美

---

① 泰勒.原始文化[M].蔡江浓，编译.杭州：浙江人民出版社，1988.

的愉悦的同时，又陶冶了情操。儒家的另一美学主张强调"中和之美"，中庸内敛的设计主张要求作品节制、和谐，让使用者的心境与心理情绪也达到平和。

禅宗美学是指在佛教禅宗影响下形成的美学思想，禅宗的思想渊源来源于印度佛教，但它传入中国后融入了中国本土的文化，在适应中国文化的过程中进行了创新性的改造。禅宗美学主张让人们回归本真，它追求自然、忘我、自性清净及人生的理想境界。禅宗美学将设计的形态与内涵完美地结合在一起。禅宗设计理念将生命的体验与感悟融入形式的创造，体现禅意的宁静淡泊与怡然悠远，创造出形神兼备、气韵生动的意境设计。

道家文化是中国的本土文化，道家美学深刻地把握了美的内在本质及美学精神，成为中国原点性美学的重要组成部分。道家美学主张真善美的和谐统一，反对矫揉造作，以自然和谐为法则，崇尚不雕琢的自然之美。

楚学艺术作为上古时期南方艺术的代表，无不洋溢着浪漫激情与生命活力，在现代文创产品设计中，有很多从楚文化中得到灵感而创作的作品。

（二）中国传统美学设计原则启示

人性化——以"仁"为基础的文创产品设计。在现代的设计美学观点中，艺术设计的价值观对核心是人而非物的设计起到了决定性的重要作用，设计对象主要是作为承载和享受设计成果的大部分受众，同时在中国传统美学中侧重于"仁者爱人""道法自然"等诸多美学思想，不仅展现出人对其他生命的友善关爱和更加个性化的设计理念，还充分尊重人的独立性与自主性。作者从人性化设计的内涵出发，分析人性化设计的特点以及其与环境心理学之间的关系，探讨了人性化设计与可持续发展的密切关系。在人性化的设计中，强调以伦理为基础，关注人性需求的最真实本质，尊重和照顾使用者的生理、心理以及人格的不同需求。比如，由又一山人设计的"红白蓝330"系列文创产品。通过设计红白蓝产品，让精神病康复者在庇护工厂制作生产，帮助他们找回过正常人生活的信心，体现了设计师及其产品的人性关怀与责任。

和谐化——以"天人合一"为理念的文创产品设计。"天人合一"为中国传统美学的美学命题之一，它是每一个思想都回避不了的问题，儒家的"天人合一"美学思想是论证人与自然环境之间的关系，在设计原则上来说体现的是一种和谐化设计。和谐化原则是一种处理人、产品以及环境要素相互关系的方法之一，它通过动态的发展来平衡各个对立因素，同时，把它们之间的差异性和矛盾性相互补充和融合，从而构建一个有机与和谐的统一体整体，最终实现物质和精神等诸多因素的和谐。

纯朴简练——注重自然本真的表达。在朴素和纯朴的设计过程之中，应当重点强调材料的内在本质，以展现出自然朴素和古朴典雅的美感。质朴和纯朴是设计的生命之源，也是灵魂所在。设计作品的纯朴之处在于其受到观者心性开悟程度的深入影响，因此呈现出岁月沉淀的痕迹，让观者能够长时间地欣赏且回味无穷，从而带来持久的美学体验以及精神上的满足感。

三、传统工艺

下面以剪纸为例，讲述文化创意产品设计中的传统工艺元素的应用：

（一）传统剪纸在文创产品设计中的应用

1. 传统剪纸题材的应用

传统剪纸作为一种具有独特文化特征和地域特色的艺术形式，在传承过程中，剪纸题材中各种物象，成为人们日常生活中不可或缺的象征和符号。不同时期、不同地区和不同阶层对剪纸题材有各种解读和解释，这些表述有的抽象概括，有的具象描绘。传统剪纸题材在特定的文化与生活环境中所呈现的元素，承载着劳动人民对于美好生活的强烈向往和追求，从而逐渐形成了比较固定的情感符号。传统剪纸中，标志性的图形符号不仅是文字所表达的信息，更是传递人民追求和向往美好生活的心理需求象征，它们被赋予了代表性和时代性的含义，引发了人们内心深处的共鸣，传递着情感。

鹿、鹤、桃子等物在人们的思想观念中，被视为象征着长寿、健康和幸福的象征，代表着对生命的热爱和对长寿的向往。在民间信仰中，把鹿角当作祥瑞之物，作为吉祥符号来崇拜。石榴、葫芦等物品，象征着劳动人民对未来美好生活的殷切期望和对现实生活的理想化描述，它们寄托于传统剪纸祈福，表达了对家族人丁兴旺、子孙繁衍的美好祝愿。运用传统剪纸的谐音表意和指物会意手法，对传统剪纸作品中的物象进行形象上的概括，通过重组、对比等不同的方法，最终获得联想、象征以及隐喻的效果。通过现代技术与手段将剪纸工艺融入传统剪纸文化之中，赋予传统剪纸新的内涵，通过运用符号形式的技巧和语言，使传统剪纸艺术的文化和艺术特征，在文创产品的设计中得到了真正的传承和发展。通过视觉性符号的方式，把传统剪纸题材中的图案和元素融入文创产品的设计中，以实现传统剪纸文化的物化表现与有效传播。

在文创产品的设计过程中，设计师需要将不同题材元素的文化底蕴与产品所传达的设计理念相融合，借助传统剪纸题材和消费者之间的情感共鸣和文化认同，全面考虑使用者在产品使用过程中的心理和场景，以进一步满足消费者的不同使用和心理需求，最终实现广泛推销文创产品的目的。通过对传统剪纸艺术领域的扩展，持续提升文创产品的文化附加值，灵活运用现代设计的技巧，让文创产品蕴含丰富的传统文化内涵，更具备现代化产品的独特美感，并且有机结合产品需的各种功能条件，全方位分析和研究传统剪纸艺术，积极探索创新产品的应用路径，从而实现两者的完美融合。

2. 传统剪纸表现形式的应用

传统剪纸的形式以镂空为主，阳刻和阴刻的线线分别相连、相断，呈现出传统剪纸千刻不乱和万剪不断的独特艺术特点，其中，"折叠"手法将团花的传统剪纸展现出来，借助多次折叠的方式，剪出连续、对称等图案，给人一种视觉上的穿透感，更是镂空性的独特艺术形式之一。传统剪纸作为我国民间艺术文化传承重要手段之一，对现代平面设计有着深远意义。当前，传统剪纸已被广泛运用于多个领域，其精湛的工艺技巧充分满足了现代化设计的不同要求。现代设计需要继承传统文化，传统剪纸则为其提供了新的发展空间，通过将传统剪纸的镂空形式，巧妙融入文创产品的外观或者结构形式之中，将产品造型和传统剪纸形式技法有机相融合，从而达到优化产品外观和美化造型的目的。在现代平面设计领域中，将传统剪纸元素融入创意产品设计当中去，既丰富了设计内涵，又能提高产品的附加值。在文创产品的设计过程当中，应当注重合理运用传统剪纸技法，以清晰的方式呈现出产品所带来的主观感受，不断增强产品的通透性，体现技法的同时，灵活应用和结合阴刻和阳刻的手法，严格按照传统剪纸先里后外、先繁后易等设计规律，最终使产品的层次感与视觉美感均得到较大幅度的提升。

屏风在家居产品中属于典型的镂空性产品，线条虚实关系和镂空形式的造型完美地展现了屏风的美，不仅能隔断视线，又不会完全封闭，将通透和朦胧的形式主义美学淋漓尽致地展现出来，使产品的功能与造型方式均得到很大提高。传统剪纸就本质而言是一件镂空性作品，对部分镂空形式的产品，具有高度的适应性的同时，还有一定的装饰性。现代平面设计中以镂空为表现形式，在很大程度上突破了空间限制，增加了平面视觉张力，增强了平面化效果，同时还能起到很好的宣传作用。在文创产品的包装设计中，常见的镂空形式能够增强内部产品的视觉效果，也能让购买者更加深入地掌握产品的主要特征。通过对剪纸艺术在家具类产品中应用研究，发现运用于家居用品设计中，既符合现代消费需求，还能给人带来视觉上的美感享受。传统的剪纸作品注重内容的概括和简洁，突出主体和保留重点，通过对事物本质的抽取，将剪刻物象本身充分体现出来，以更直观和有效的方式，表达创作者想要传达的信息，除此之外也符合产品设计中的简约设计理念——简约且不简单。产品造型比较强调线条的简洁感，反对复杂的装饰，伴随着人们环保意识的日益增强，材料尽可能选择不会产生污染，并且绿色和环保的有机材料。

3. 传统剪纸色彩的应用

传统剪纸常以鲜艳的红色为主调，采用高纯度的暖色调，呈现出浓郁的民间特色，创作者能借助剪纸作品将内心情感表达出来，也能通过色彩表达情感。传统剪纸色彩是文化传承与创新的载体，它能够传递出一种独特深刻的内涵，并对人们的思想和行为产生重要影响，因此需要进行深入探索和研究。红色在我国许多民俗文化中，一直是中国人钟爱的颜色，代表着吉祥如意和喜悦祝福。传统的剪纸颜色在部分丧葬仪式中多为黑色和白色，虽然呈现出一种沉闷的色彩，但是这种颜色却服务于各种民俗活动，因其多变的形式备受推崇。现代平面设计中，传统剪纸作为一种文化元素，与设计相结合，使其更具艺术魅力和文化底蕴。传统剪纸和文创产品一样，需要在色彩上达到平衡，不能只侧重于颜色的对比，应该强调颜色的统一性，以实现整体用色的协调。

作为一种具有装饰性的艺术形式，传统剪纸在色彩、纹样和造型上呈现出强烈的装饰性和艺术性，更是一种无拘无束的自由表达人们思想的艺术形式。随着时代发展，文化创意产业越来越受到社会关注与重视，在这个过程中，传统剪纸的应用范围不断扩大。大多数情况系消费者对产品的首次印象，基本来源于视觉的强烈冲击。因此，在文创设计的过程中巧妙地运用传统剪纸色彩，可以为产品的主题注入更多吸引力。在传统剪纸中，色彩是一种重要的元素，更是体现产品特性的关键所在，通过巧妙、合理地运用反差，将传统剪纸色彩与产品颜色相结合，实现冷暖视觉的强烈对比，并按照产品的特征进行创新，从而满足消费者的不同审美需求。

（二）传统剪纸文创产品设计分析

1. 传统剪纸的二维文创产品设计

在二维设计中，传统剪纸作为一种平面艺术形式得到了广泛应用，许多二维文创产品的设计，将平面艺术品和文创产品的完美融合充分展现出来，从而为产品赋予更高的艺术价值。随着人们审美意识不断提高，对文化内涵的追求越来越强烈，因此，需要更有创意和个性的产品来展现文化魅力，这就要求设计师能够从平面设计角度出发，为大众带来更好的视觉感受。例如，部分经典的艺术珍品是无法获得的，只可以被欣赏，所以能将其作为文创产品的核心元素，使消费者在欣赏的同时，也能获得情感上的满足和体验。

常见的文创产品包括书签、胶带等，这些产品大多采用传统剪纸图形的直接应用，通过印刷的方式将其印在较大的平面上，呈现传统剪纸的内容，从而在使用的时候进一步感染人们，使消费者非常直观地感受和体会传统剪纸的魅力和特色，同时也更具有传统剪纸喜庆的民俗特征。

2. 传统剪纸的三维文创产品设计

目前，很多传统工艺的呈现方式已经从二维向三维转变，这种转变的基础在于对空间的认知和理解。传统剪纸作为我国非物质文化遗产之一，有着深厚的文化内涵和独特的艺术风格，具有较高的历史价值和社会价值。在文创产品设计中，传统剪纸的表现形式被成功转化为多种不同的立体形态，为传统剪纸与日常生活联系起来提供了一种有效的方法，使得传统剪纸元素变得更加丰富，三维传统剪纸文创产品借助于复杂的剪刻方式，构建了一个比较完整的产品体系。传统剪纸作为我国非物质文化遗产，有着深厚的文化内涵，在欣赏和赞叹传统剪纸的时候，人们只注重剪刻作品本身，严重忽视了它在光影下的独特魅力。事实上，光影投射是传统剪纸艺术的一种特殊表现方式，初期阶段的走马灯便采用了这种形式，随着设计领域的发展，部分现代传统剪纸的灯具设计以一种巧妙的方式更加精细地呈现了相应的意境和氛围。

在灯具设计的过程当中，采用阴刻和阳刻相结合的表现形式，通过多张纸张的镂刻和交叉叠合，呈现出立体光球的三维形态，运用平面表现手法展现出空间感，侧重于层次变化与空间创新性。在灯饰产品的制作过程中，材质的选择对于产品的视觉效果具有至关重要的影响。灯具的亮灯部分选用了比较坚硬的纸张，相较于一般的纸张，硬度更高，经过精雕细琢，灯饰呈现出更加轻盈的质感，不会过于沉闷和单调，底座下方主要采用了镂空的形式，与其相得益彰，灯具底部使用软质材料如橡胶或硅胶等作为支撑体。当灯具启动时，光线经过镂空处的折射后，形成了一种具有氛围感的空间氛围。

随着文创产品的涌现，传统剪纸艺术焕发出新的生机，其文化价值在文化创意产品中得到了充分发挥，传统剪纸和文创产品的融合推动了现代文创产品的发展，更将中国传统剪纸艺术推向了新的高峰。

四、戏曲

（一）元素提取来源

1. 经典剧目

通过对越剧《柳毅传书》中经典唱段的元素提取，王强[①]等人充分挖掘了戏曲中听觉元素的独特创意价值。莫晶晶[②]等人察觉到海南琼剧的戏曲叙事，对人们的价值观产生了深刻的影响，同时，海南琼剧所传递的爱国、爱家思想也在潜移默化地塑造和影响着人们的日常思考和行动。在文创产品设计过程中，可以借助戏曲元素，结合现代设计理念，提升文化附加值，使民族文化得到传承和创新。运用《琵琶记》《八仙贺寿》等经典剧目，将其作为主题以一种独特的方式有机融入文创产品中，从而使消费者在产品叙事中全面领略戏曲的内涵。

---

① 王强，项李，朱文涛.越剧《柳毅传书》文创产品的通感设计路径与应用[J].包装工程，2021（8）：268-275.
② 莫晶晶，庞晓婷.海南琼剧元素在文创产品中的应用研究[J].现代营销（经营版），2020（2）：117.

2. 代表服饰

学者苏明菊[1]以传统秦腔经典角色为基础，从服饰中提取出形制、色彩等诸多元素，并将其成功转化为视觉识别元素，从而呈现出服饰的视觉特征。胡聪[2]等人深入分析与提取秦腔服饰、脸谱等元素，并且在此基础上与秦腔艺术内涵相结合，精心设计出符合当代大众审美的戏曲文创产品，呈现出一种别样的艺术风貌。

有学者指出，戏曲服饰通常融合了当地的传统技艺，这些传统技艺将戏曲工作者的生活智慧和审美意识淋漓尽致地展现出来，所以，将传统技艺巧妙融入戏曲类文创产品之中，一方面是对传统技艺的现代化延续，另一方面是文创产品文化价值的体现。倡导灵活运用现代科技手段，对材料进行加工处理，以促进蜀锦在文创产品中的广泛应用，同时将服饰元素融入具有强烈实用价值的文创产品中，进而真正传递戏曲的视觉审美价值，同时将传统工艺运用到文创产品中，结合现代设计手法，使之更加符合人们的需求和时代发展。通过运用传统技艺产品，消费者可以在日常生活中充分发挥其现代价值，实现对传统技艺的更深层次理解。何琲[3]等人发现，戏曲盔头手工艺在与新兴潮流文化的碰撞中处于劣势地位，这一现象引起了他们的广泛关注，他们希望借助现代艺术形式，使其焕发活力，获得市场认可和消费需求。文创产品以传统文化为载体，通过对盔头的视觉参考和提取，实现了文化创意产品的再创造，焕发出全新的活力。

（二）元素应用方法

1. 直接移植

在戏曲类文创产品中，直接移植是广泛采用的一种方式。端木丹青[4]等人所采用的方法是通过对扬剧文化元素的深入挖掘，归纳出各种扬剧元素的类型与特点，并对其文创元素的设计理念和原则进行深度的研究和分析，努力探寻扬剧和现代生活的完美契合点，将传统美学原理与扬剧元素的设计和应用相融合。有的学者主张对文化元素直接提取，以确保在设计转化的期间，文化元素的原真性得

---

[1] 苏明菊.秦腔传统角色的文化创意设计[J].参花（下），2022（3）：53-55.

[2] 胡聪，陈彬.秦腔视觉元素在文创产品设计中的创新应用[J].化纤与纺织技术，2021（7）：137-138.

[3] 何琲，田晓冬.戏曲盔头元素在文创产品中的设计研究[J].美术教育研究，2020（21）：82-83.

[4] 端木丹青，姜舟.扬剧元素在文创产品设计中的应用研究[J].设计，2021（22）：133-135.

以充分保留，进而将文化元素原生态的样貌和内涵展现出来。此外，在图案再创作的过程当中，必须准确把握图案变形的限度，总结和概括出最优解，以保留文化的独有内涵。直接移植一般只需要在产品设计或产品造型上创新设计，不涉及如何利用新技术来实现功能改变。直接移植大多是把服饰、脸谱等诸多元素，直接印刷在产品的包装上面，所以有效提升元素直接移植的文化内涵窗体效能仍有待深入研究。

2. 符号编码

符号编码是以符号学理论为基础，运用文化元素的一种思维模式。符号编码具有丰富的表现形式，可以有效地将各种不同类型的符号转化为易识别的信息形式，并被人们广泛运用到生活当中。在戏曲文创产品的设计中，运用皮尔斯三元关系理论，通过设计师的编码和消费者的解码，实现文化内涵的有效传递和传承。只有将不同类型的符号运用于戏曲文创产品之中，才能真正实现传统文化传承发展的目标，所以，深入剖析京剧文化创意产品的开发设计，并与京剧艺术特征、文创产品使用情境相融合，对京剧文化元素进行科学、合理的编码，以使京剧文化元素与产品形态、功能等属性相匹配。在实践案例的基础上，归纳出在创意设计、开发生产等多个环节需要严格遵循的形象体现性、趣味性等多项原则。

3. 形状变化

机器学习和平面设计理论是两种不同的形状变化方式：一种是基于机器学习生成形状，另一种则是基于人为创作。以传统艺术形式为主线的"形意"融合是现代戏曲文创产品开发的重要路径。在粤剧元素设计转化中，刘语隆[①]运用形状文法工具，充分发挥图案随机生成的多样性和丰富性，从而为戏曲文创产品的实际生产，进一步提供了批量化的可能性。

4. 造型创新

目前，戏曲类文创产品的设计方法，更倾向于以视觉语言为基础的图案再创造，对于基于产品造型创新的研究却鲜有涉及。从符号学角度来看，文创产品设计中的文化元素和传统艺术是相通的，都需要用不同方式来传达给消费者。谢梦

---

① 刘语隆. 基于形状文法的粤剧元素在文创产品设计的运用 [J]. 艺术品鉴, 2021（33）：81-83.

卿[1]等人提出了一种基于语义学理论与文创产品特征的文创产品形态创新设计方法，即将文化元素的相似变化，按照特定的方法有序转化为抽象化处理，从而实现相似或相反的效果；文化元素在现代产品形态或其他形态元素的基础上，通过简化符号，从而实现概括或夸张的表现效果。

5. 五感融合

在戏曲文创设计中，五感融合被视为一种创新的设计思路，目的在于从人类的听觉、视觉等感官中提取出观众能够感知的元素，同时巧妙融入戏曲文创产品的体验设计中。在桂剧文创的产品的设计过程当中，比较注重用户感知的五个层面，包括视觉层面的色彩和造型、触觉层面的材料和质感等，用于满足用户的需求。站在消费者购买和使用层面来看，戏曲文创产品的五感分析，可以为消费者提供更加丰富的戏曲文化感知，进而引发更深层次的情感"共鸣"，使文化体验的品质得到较大幅度的提升。余梦等人通过与通感理念的结合，主张傩戏文创产品的设计应该严格按照用户感知、情感传递等诸多原则，通过视觉演奏主题旋律、视觉演绎触感温度等不同的手段和方式，将文化元素成功转化为产品，为消费者提供独特的傩戏生活体验，同时，将情节叙事与傩戏积极的价值观相融合，将消费者的情感共鸣充分激发和调动起来。张琳[2]等人以用户体验的心理需求为出发点，归纳豫剧文创产品需要满足用户在感官、互动等多个方面的不同需求，进而推导出包含思维和行为体验的多模态体验设计路线。

第二节　传统文化创意产品设计的观念

每一个关心中国传统文化的当代设计师，都面临着一个如何对待传统文化，特别是在自己的设计作品中体现传统文化精神的问题。善用传统文化，重视变通求新，变传统文化精髓为当代设计所用，是对"尊重传统"的最好诠释，中国的当代设计亦有可能重新焕发强劲而持久的生命力。正如《易经》所言："穷则变，变则通，通则久。"[3]

---

[1] 谢梦卿，蔡克中. 基于形态语义学的赣南采茶戏文创产品设计研究[J]. 设计，2022（7）：29-31.

[2] 张琳. 基于体验设计的豫剧文创产品设计研究[D]. 沈阳：沈阳航空航天大学，2019.

[3] 弘化社. 易经[M]. 苏州：古吴轩出版社，2016.

时代在变，人们的生活在改变。"穷"是指事物在经历一定时期的发展后，进入了衰退期，并逐渐进入酝酿新生事物的发展状态，当"穷"极一时，并继续一段时间后，总会由量变引起质变。产品营销中，当产品在市场上逐渐进入衰退期时，此产品"穷"的时期到来，与之相关的设计风格，可能也一同进入慢慢脱离社会流行或风尚审美的阶段。此时不"变"，更待何时？于是，新一代的产品研发以及产品的改良更新、升级换代开始酝酿，而后，新一代的产品呼之欲出。

"变"的产生即为弃旧扬新的过程，亦是事物新陈代谢的过程。对当代设计而言，紧跟时代步伐、迎合时代发展的需求、不断推陈出新的设计，才不会被消费者淘汰。纵观中国手机的发展历程，20世纪80年代，中国香港电影风靡内地，"大哥大"手机也随之在内地市场得到消费者的推崇，甚至出现了一机难求的市场状况，当时拥有一部这样的大砖头似的手机，即可充分标榜使用者的身份和地位。而后的手机经过近十年的发展，逐渐出现百舸争流的市场竞争状况，各种外观、各种功能、各种人群定位的手机设计推陈出新，在1998—2005年，各类手机如雨后春笋，音乐手机、游戏手机、商务手机、智能手机等概念蜂拥而出，单就手机铃声就从简单的普通铃声快速发展成4和弦、8和弦、16和弦、24和弦、40和弦、立体声环绕等多种音效，手机屏幕也由单色、双色向彩屏发展。当手机在外观与功能的多样化发展到百花齐放的阶段后，再从此方向发展下去，市场几近饱和，"穷则变"，手机设计的发展方向进而逐渐转向了简洁、简约大方的设计，功能多样化、智能化，但外观却简单化、一体化，从此手机进入繁花锦簇的智能时代。前后两种风格迥然不同的手机设计流行趋势，却是真真切切的前后传承关系。透过中国手机的设计发展，可以直观地读取到工业产品设计"穷则变"的发展规律。

"变则通"，一个成功的设计，首要的是"独创性"，要做到这点，就必须学会变通，使其跟得上人们的生活潮流，跟得上大众审美情趣，跟得上人们生活的需要。一个设计使人赏心悦目且被方便使用，是设计成功的所在。但是，"通"肯定是不可能真正实现"久"的，产品设计的"通"可以维持多长时间，取决于社会风尚流行的变化速度。有时候，设计的风尚流行是在全球范围内不断流通发展的。比如，当美国的苹果电脑推出鲜艳色彩及透明外壳后，一段时间在全球范围内掀起了对透明材质的使用风潮,这种风潮甚至影响到服装、鞋类、箱包产品的设计,一时间在中国夏日的大街小巷出现了一批批脚踏透明鞋子(有个好听的名字叫"水晶鞋"),肩挎透明单肩包("果冻包")的爱美女性。而后随着季节的变化,随着人们美的追求变化,这种流行风尚持续了一段时间后,也同其他流行趋势一样,渐渐淡出了人们的视线。可以说,在这种透明材质的应用正当流行的时候,"水晶鞋""果冻包"的设计,"变而通",是鞋类及箱包产品设计发展变通的一个成功案例,而当这种变化随着大众审美与社会风尚流行迁移后,当时的那种设计风格便逐渐不再流行,"通"而不久。

设计离不开"变",怎样变得新颖、变得人们乐意接受是我们奋斗的目标。"变则通"易,"通则久"难。若设计要进一步追求达到"通则久"的设计愿景,在设计变通的过程,应能找到长期吻合大众审美需求的设计切入点。但市场是变化的,消费情绪是变化的,社会风尚是变化的,在众多不断变化的因素影响下,产品设计要能符合消费者的审美情趣还要面对"风吹草动"仍能"岿然而立",这看似矛盾,但实际上是和谐统一的。如何做?最关键是需要找到在消费市场与社会环境中"人"这一不变的因素是什么?情!也就是"情感"。参考消费心理学、设计心理学的相关研究,人的感情相对于感觉,持续的时间更久、更稳定。当产品设计能在消费者的情感上引起共鸣,甚至成为人的情感慰藉的时候,设计已然深入人心,产品此时对于使用者而言,不再是单纯的产品,而是某种思念、某种象征,具备了某些对人来说十分重要的意义。如果产品设计达到这种高度(即"传家宝"似的设计),便可"通则久"。

第三节　传统文化创意产品设计现状及问题分析

一、"文"与"创"的不平衡

当前市场上的文化创意产品种类有很多,呈现出多种多样的表现形式,由此导致了"文"和"创"两者之间不平衡现象的出现。部分文化创意产品只是运用了"文"的内涵,载体则在"文"这一特征上的基础上做"文章",把各种不相同类型的元素相结合,随意组合和排列。这类文化创意产品通常以"文创型"为主,以"创"为主要目的,并没有把二者放在同等重要的位置。虽然表面上看并无瑕疵,但若深入品味,文化创意产品中的"文"与"创"之间的差距就如同天壤之别。"文"与"创"失衡会使人产生审美疲劳和审美迷失,而且若是只有"创"的产品也是同样的道理。

二、"形"与"意"的不均等

传统的元素符号的应用,主要是为了参考和吸纳其"形",通过产品的外观将所蕴含的"内涵"或者"意"表达出来。对于那些只注重形态忽视意义或毫无根据的想象意义的产品,以及随意表达的产品,都是缺乏合理性的,因为人们并不真正了解产品背后的含义,所以产品的设计不能仅依靠外形和功能来体现其意义。文化创意产品若只注重象征意义,则缺乏必要的支撑,只有把两者结合起来,才能使产品更有价值和意义。在当前流行的一些产品中,一些人只注重产品所传达的寓意,严重忽视了对传统元素形式的追求,这种现象并不罕见。所以,设计师必须要重视传统元素在产品设计过程中的作用,在提取传统元素的过程当中,必须考虑传统元素所蕴含的文化禁忌、文化搭配等,这些元素背后通常隐藏着许多值得我们深思的故事。

任何事物都是在矛盾的状态中不断发展前进的,历史朝代的更替如此,传统文化的发展如此,当代设计的发展更是如此。当代许多艺术家与设计师对传统文化爱恨交加,当代设计艺术既想从传统文化中突破,又时刻需要从传统文化中汲取养分。当代许多设计家与艺术家在运用传统文化时,往往忽视了传统文化与当代设计两者之间的矛盾关系,在艺术表现与设计作品中打着传统文化旗号、滥用传统文化的例子数不胜数。因此,正确认识和把握两者之间的矛盾关系,对于传统文化在当代设计中的合理运用具有重要作用。

我们社会的每一个角落都在不断受到现代化浪潮的冲击和影响,在这样的背景下,人们的思想也产生了巨大的变革。随着时间的推移,人们所处的生活环境发生了翻天覆地的变化,无论是生活的方式、观念,还是行为习性等,均得到了显著的提升。在这一过程中,人们对精神需求的追求也更加强烈,随着人们对精神生活的日益关注,设计已经不再是为了满足物质需求,而是越来越紧密地与人们的精神世界相关联。

文化就是生活，中国的古老文化是当时生活的反映。当设计它们的人在讨论这些文化并企图从传统文化中寻找灵感时，当他们听到某某设计者的作品体现了对传统文化的独到理解时，似乎得到的大都是同样的一个结果。那就是对前人的思想、前人创造的器物、传统制度观念、风俗习惯进行研究，并把这些转换成一些简单的设计符号，在自己的设计作品中贴上这些符号。设计学者们逐渐认识到，现代的设计，似乎正在慢慢失去了当代设计应有的时代感与新鲜活力，甚至忘记了怎么思考当下的生活。于是，又不得不引申出这样一对辩证关系的矛盾：到底应该是"设计引导人"还是"人引导设计"。

设计理应是引导人的生活不断向前发展的，做什么样的设计，设计是为了什么人群而做，这些也都是由人来决定的。或许，"设计引导人"与"人引导设计"本身就是可以相互融合的统一体。就像在iPhone流行的当代，连街头擦鞋的女子也会谈论苹果公司又新出了什么样的产品，这一代产品较之前一代多了什么功能等话题。另一个有趣的现象就是，据调查发现，拥有同一款产品的人也大都拥有共同的认识即共同语言，并且这些人在无形当中已形成了一个小圈子，这说明我们在引导设计的同时也在通过设计引导人的发展。从物质与意识这两者的关系来看，物质决定意识，意识影响物质，当人们具有一定共识即共同语言时就走到了一起，并带着一定的时代特性向前发展。传统文化无疑是人们最好的共同语言，设计师如果能意识到这点，那么一切问题就好办了。

在当代设计界，将那些能解决传统文化与当代设计关系的人称为大师，如贝聿铭、陈汉民、汉斯瓦格纳等。在他们身上，能让人发现一种关于文化素质的东西，能让人感到一种似曾相识的感觉。著名工艺美术理论家张道一在谈到对传统文化的看法时说："张果老倒骑驴，骑在驴上向后看上下几千年，纵横数万里，形形色色，五花八门，在比较中鉴别，在现象中归纳，理出一条思路，驴儿驮着往前走，走向新的时代，不是固守于旧的迂腐不化，而是创造者去开拓新的未来。"[1] 张道一的话已为我们指明了传统文化发展创新之路。在当代设计中比较、鉴别传统文化，兼收并蓄，吸取其精华，重新理清思路，用发展的眼光去创造新的设计、新的生活。

---

[1] 《美术大观》编辑部. 中国美术教育学术论丛 艺术设计卷 5[M]. 沈阳：辽宁美术出版社，2016.

第四节 传统文化创意产品的设计方法途径

一、中国文化背景下的大融合设计

从整体上来看，当代设计呈大融合的发展趋势。如今的设计与一些地区性的意识是不同的，它不仅是一个地域或某一个民族的简单的观念，而是不同的地区、民族或者整个世界互相碰撞、相互交融的结果。在创新型的设计中体现着时代的意识，对过去的元素的应用需要结合当今的传播方式和审美观。传统图形在发展过程中，经历了几千年历史的洗涤，被不断注入新的形式、新的内涵。有些图形从古至今，结构上发生了变化，内涵上也发生了一些变化。因此，在当下设计中运用这些图形，就要考虑新的时代特点、审美理念，怎样去迎合现代的审美观。在当代设计中运用传统图形符号，要注重图形的独特性与审美性，使新型的审美观和传统的图文符号形成反比的关系。这个意思就是说设计的图形越有时代感，借鉴的东西就越少；相反，借鉴的东西越多，就使作品缺少了活力。当然，我们并不反对借鉴，从某种程度上来说，借鉴是走向设计创新的必经之路。设计创新是借鉴到一定地步的一种升华，两者是一种互相作用的关系。从另一个角度来说，如果传统的成分作为新设计的一部分，那么便是它的创新性的一个组合，便是"异质元素""同质文化"的组合，把传统文化和当代设计文化注入新的设计作品中是一种思维的创造过程。传统文化并非一成不变，它之所以能历久弥新，是因为它能以海纳百川之势不断融汇新的文化，其中也包括异质文化。传统图形符号的生命力之所以能延续，是因为传统与文化的作用。因此，在当今的设计中，在传统的元素使用中不能只看表面的东西，不能局限于传统，要去挖掘它背后的更深层次的内涵，要借鉴，更要去突破，加上和时代相关的理念，从而可以在国际上顺畅地交流沟通。

任何民族的传统文化符号都是该民族传统文化的物化形式，人们通过了解传统文化符号，会有一种一见如故的感受，这便是文化的汇聚力，是能使作品在大家心中达到统一的评价。在传统文化中找到这一类似符号，就紧紧抓住了人们的文化消费心理，这也是设计作品成功的关键。此外，运用传统文化符号要学会"求异",在当代设计作品中运用传统文化符号不是对前人的模仿与重复。我们在借鉴传统元素的时候,必须结合时代特色,挖掘更深的理念。

二、传统文化元素的提炼与再设计

(一)传统文化符号的提炼与再设计

1. 传统元素符号的提炼与设计

传统元素符号具有强烈的视觉装饰语义,其符号作为一种形式丰富并久经传承的媒介形式,可分解为简单直观的元素符号(点、线、面、体)、复杂具象的感官符号(造型、色彩、质感等)等不同层面的元素构成。从语义学的角度出发,任何语义符号要发挥对人的影响作用都不应该是静态的,而是通过动态的、规则的相互转化,共同作用形成具有一定意义的符号群。

(1)元素符号的提炼与设计

点、线、面、体作为表现视觉形象的基本语言符号,也是构成产品造型与视觉空间的基本元素。点构成线、线组成面、面形成体、体浓缩成点,即四者循环演化的辩证关系。在进行元素符号的提炼时,需要注意这些元素符号的视觉性质、特点。

"点"作为视觉形象里最小的语言符号,往往以群体形式出现,通过对比、排列、排序、组合等形式,增强视觉效果的层次感、传达活跃的视觉气氛、突出视觉整体的旋律等。

当"点"经由线性排列,或者相互联系形成"线"后,"线"的出现开始进一步以相交、平行、疏密、连接等方式体现层次、肌理等视觉特质。"线"有动态、速度、方向、疏密、起伏的视觉意象,给人以饱满的生命力之感。

"线"密集或铺设成"面"后,"面"开始有了质感与肌理的视觉效果,再经由"线"密集排列形成偶有空隙的面,此面从视觉效果上有了透气与呼吸的意味。"面"亦有起伏、层次的变化,更有质感、肌理的区别,尤其在产品表面的元素应用中,对传统质感、肌理的面的创新,常作为设计创新的切入点之一。

若干"面"结合成"体",传统工艺手法便融入其中,如雕刻、塑造、表面覆贴、描绘、镶嵌、浸染等多种造型及质感肌理的工艺手法,在用于"体"上后,构成了传统文化中"体"符号的提炼方向。"体"与"体"之间,就如零部件之间的连接构成方式，亦是"体"符号的特征之一。例如，明清家具中传统的榫卯结构，不用一钉一钮，即可通过木件结构，直接相交连接形成极其稳固的结构特点，在"体"元素的应用中，就是很经典的传统文化元素特征。

在产品设计上，对元素的应用，不可能单一割裂为"点""线""面""体"，而应该是所有元素的综合应用。

此水杯内胆为玻璃材质，为确保在倒入热水的过程中，不至于过热及防止烫伤，内胆外层设计有一硅胶隔热层。此隔热层的图案、镂空及水杯的顶部开关，均借鉴中国传统道教文化元素。道教注重养生，追求长寿，采用道教文化元素设计亦有祈福"长寿安康"之意。在元素应用上，杯身镂空的一个个圆形以"点"的方式组成一个虚面，标示手握部分，也方便展示杯中水位及内容物的状态；杯盖以"葫芦"的特征为形，是点的设计，与整体保温杯曲线造型相呼应，体现"葫芦"的造型之感，进一步构筑了保温杯的体的设计。

（2）感官符号的提炼与设计

日常生活中，当我们欣赏杰出的设计作品时，往往能感受到强烈的产品体验。这种体验包括使用体验、情感体验、文化体验等方方面面。探究其符号层面的原因，首当其冲就是感官符号要素所引起的产品设计体验。

我国的明式家具堪称感官符号设计应用的经典之作，其线条简洁、线脚扎实，极具优美舒适的感官体验。例如，官帽椅或圈椅靠背板的"S"形曲线、搭脑和扶手的曲线线条轻盈柔美、婉约自然，与人体工学的设计原理不谋而合，体现了传统造物朴素的"人本"思想。

闽南传统文化符号中，"燕尾脊"的建筑造型以卷翘、轻巧为视觉特点，尾部连接屋顶房梁，顶部向天分叉翘起，犹如燕尾。"燕尾脊"的建筑特色，在闽南地区还与主人家的身份、地位相关，只有家人中有人高中举人，才能有资格建造这样的房顶制式。因此"燕尾脊"在闽南地区也标榜着家族荣耀。有这样的社会人文背景，当地有这样的传统认知，在对"燕尾脊"进行感官元素提炼时，就可对"燕尾脊"向上、高指入天的造型语义进行提炼，亦可进一步采集当地"燕尾脊"的传统配色，或结合中国传统审美色彩进行应用。这样的感官符号的提炼与应用是综合的、不可割裂的，能在相同或相似文化影响下的受众群体引起认知或情感上的强烈共鸣。

（3）功能符号的提炼与设计

纵观我国历史上各种制作精巧的日常用品，在工艺精湛、制作精美的同时，装饰意味强烈的结构或部件，亦具备非常实用的功能。例如，从商朝开始的古代铜钱的设计，已然出现了功能与形式美结合的应用：古钱币外圆、内方，其设计理念深刻吻合了中国"天圆地方"的传统宇宙观，同时中间开一方形镂空，又方便穿线而过，形成钱串，方便外出携带。此"天圆地方"的钱币造型，即其功能符号。

当对某些文化下的传统元素进行提炼后，赋予其一定实用性功能，用于产品时，此传统元素即进一步演化成为功能符号。当提取传统文化的功能性符号进行设计应用时，应立足于中式生活方式进行设计。主要可有两种应用方法：一种是和中国人相似的审美观和生活习性，具有中国特点的创新；另一种便是迎合中国人特点的改造，对已有的产品进行重新设计，让它适合中国人使用。

比如，一款冰裂纹餐盘设计就是对中式功能符号进行功能创新设计的优秀案例。该餐盘设计，将苏州园林特色窗棂冰裂纹作为元素，引入到盘底沥油架的造型结构，使得该款盘子比其他一般盘子多了两项功能：一是中国的菜品中，大部分是油比较多的炒菜，油很难和菜分开，所以，盘子大部分采用不规则的形状，使油和菜有一定的分离，这样不仅利于健康而且更加美味；二是中国的菜品多是容易粘盘的切片，不容易被夹起，这样我们就需要盘子有一定的厚度，这样便可以避免这一缺点。

（4）精神符号的提炼与设计

中国传统产品设计上经常采用图案或纹样装饰，这些装饰除了美化作用外，还常带有不同时期、不同地域、不同审美观念和政治文化的意义特色，或者具备当时当地的风俗、艺术、信仰、审美等美学感受。

图案样式分为多种植物纹样、民间人物故事、动物纹样等。在家里大部分用的都是动物的样式，有凤、鹿、鸳鸯等多种样式；同时也有植物的样式，如牡丹、莲花等多种样式；也有民间故事，如琴棋书画、双龙戏珠等；还有一些双关、拟人等有比喻意义的样式，还有一些云纹、绳子样式的图案。各种图案应有尽有。

比如，"月下竹"小音箱的设计，将中国传统陶瓷窗柱的造型与质感应用其上，并结合国画中常见的圆月、竹子、吉祥如意印章等题材，设计出小音箱顶部的阴文浮雕式的装饰画。通过进一步采用中国传统配色中的中国红、绿琉璃窗柱配合使用，综合设计出产品的最终效果。其比喻、象征的吉祥寓意明显而自然。

纵向来看，不管是点、面空间等方面的装饰的样式和内容，还是工艺性等，我们都能看出来它们历经多个时代蕴含的丰富意义和深远的文明历史的沉淀。

2. 文化符号的再设计

（1）"象征"设计手法

在对文化符号进行提炼后，直接应用于产品之上的设计手法过于直白，在有些产品上适用，但是也有很多产品难以如此嫁接。为进一步把提炼的文化符号更好地融入整体设计中去，需要去对文化符号进行再设计，可采用象征的手法。

"象征"词义上意指借某一具体事物的外形特点和性质，表示某种抽象的概念和思想感情。中国文化的一个突出特征就是象征性，这曾经是我国的一个美学思想，也是具有深深的影响力的"意象"。《考工记》中说，"轸之方也，以象地也；盖之圆也，以象天也；轮辐三十，以象日月也；盖弓二十有八，以象星也"[1]。这句话表现了车辕的象征意义，圆形代表天，方形代表大地。车盖的二十八根弓象征二十八星宿等，这都体现了古人的思想，也代表了中国传统的文化意义。不管是轮、盖都有它本身的意义，也有古人所赋予它的深层含义，是一个普通的物象上升到了一个有意义的形式，是抽象的内涵。

当设计产品使用象征手法的时候，大家就会不断地想象，从而把各种产品的部分或者是整体，与生活中的情感观念联系起来。通过这种联想和移情，产品设计除却产品本身，又多了人的感情，所产生的感情呼应和产品相互联系，这便是我们所说的象征手法。

复杂象征，就是设计者利用非具体的元素来体现更加丰富的情感。当然这也叫作抽象象征，我们用来表现的语言的复杂程度代表了其象征的程度。抽象越高，象征就越广。这些象征就是和人们的想象力一起开始的，没有准确的意义，不同的人有不同的想法。而我们说到产品的象征意义，就要和时代的特点结合起来考虑。象征元素可以代替形状来表达内容，这是对于文化性强的产品而言的，但是最重要的是这种赋予的意义是符合时代以及文化等多方面的特点的。

---

[1] 苏笑柏. 考工记 [M]. 沈阳：辽宁美术出版社，2014.

2008年北京奥运会火炬的设计就采用了象征设计手法。其中，祥云在中国源远流长，是千年积淀的结果，是中国文化的代表。云是比较常见的一种意象，它代表着祥和安宁，而祥云便也代表着吉祥如意。火炬外观上采用祥云图案，既有吉祥如意的象征寓意，对奥运盛会亦是一种美好祝福，源于汉代的漆红色也象征着热烈、激烈的体坛盛事。

在北京奥运会火炬的设计影响下，在2009—2010年内，产品设计上广泛地使用了祥云图案的象征性。比如，"火炬之光"电吹风概念设计，其设计风格与理念就参考了北京奥运会火炬。在电吹风机身侧面运用祥云图案进行装饰，展现"热闹、喜庆"的生活象征意象。

（2）"隐喻"设计手法

"隐喻"是一种很常见的手法，它代表着民族的文化或思想理念。比如，纸有千年的发展历史，是我国的四大发明之一，也在全球文化的交流中有着重要的作用。也是由于这个原因，我们北京奥运会上的火炬来源于此，隐喻"中国五千年的文明在全世界传递"。"隐喻"是两种形象的替换，但是修辞手法是不变的，这是从语言学上来说的，是相对于两者的相似度而言的。而在设计方面来说，比如，"信"调味罐的设计，其灵感来源于中国印章，再加以柔韧性的扭曲，展现曲线之美，富于生命力；印章隐喻"诚信"，应用于调味罐的造型设计来隐喻"人生就像调味罐，充满了酸甜苦辣，变幻莫测，但是唯一不能变的是做人的诚信与韧性"。

"隐喻"相对于"象征"手法来说，设计意味更为隐晦，需要受众群体对历史、文化、民俗等方面有更为深刻的认知，才能进一步从中体会到其比喻内容与精神实质的魅力。

因此，当设计符号的再设计与应用，想要带给人以隐喻的设计含义，往往需要目标受众有同样或相似的文化认知。如果没有，那么在设计时，就需要进一步进行说明，即对新的消费群体进行解说、教育，以从认识上同化或感化他们，从而达到良好的象征意味的预期目的。

（3）"抽象仿生与拟态"设计手法

"接受美学"，不是陌生的、抽象的才引起人们的兴趣，也不是熟悉的、具体的才吸引人。而是给人们一种不太容易理解的、比较新奇的表达形式，从而让人产生兴趣，让人有无限的遐想，让人回味无穷。

对于民族元素，它的表现形式是不同人有不同方法。是选择抽象还是具体，是给人怎样的想象，都是根据设计师的目标而制定的。英国设计师福斯特设计的首都T3航站楼，是将龙这一个中国的符号进行抽象，"龙须"是四通八达的交通网，"龙身"是航站楼的主体，"龙脊"是主楼双曲弯拱形屋顶。龙代表建筑，从而使建筑巧妙地表达出来，让人回味无穷。龙的形象抽象仿生，不仅在建筑设计上得到体现，在产品设计上也不乏此例。在我国广西隆安出土的"C"形龙玉佩，就对龙的形象进行简化抽象，并结合佩戴的功能、造型需求，设计制作出来。

现代的设计者，从"C"形龙玉佩的造型制式中，又寻找到新的设计灵感，进一步抽象概念化"龙"的形象，并应用到沙发造型设计中，并进一步采用中国红、金色火焰图案与整体龙的形象相呼应，设计出"月龙"沙发。

（二）传统色彩的提炼与设计

文化是设计理念形成的基础，传统的色彩文化，对于当今文化理念的创新有着重要的作用，是其不断发展创新的基础。中国古老的色彩文化有其特有的文化观念、情感态度以及心理特征，并且随着时代的不断发展演变而不断地沉淀发展，有着鲜明的真诚、纯洁、质朴、强烈的特点。

中国的古老色彩文化是有着深远的发展历史的，很早就提出了色彩的相关理论，并且是很系统的知识观念。不管是单色的发展还是"五色"的提出，都是关于审美体验的一种发展，和民族、宗教、政治等多种因素息息相关，因为这些才形成了隐喻性和象征性的文化。

第一，在单色的基础上形成"五色"原理，为了让色彩体系更加健全。它深受"相生相克"的思想的影响，通过它们的互相交融从而形成了更加丰富的色彩，不管是哪一个历史时期人们的生活都受到"五色"体系的影响。从建筑风格到衣服款式，还包括和人们有关系的一系列艺术品。比如，刺绣、泥塑、编织等艺术创作，我们都可以看出其色彩的质朴，有着自身独特的风格、审美追求和文化的积淀。所以，传统的色彩可以说是一种文化的凝聚，结合了形式美和思想情感，是我国民族特有的文化风格。

第二，传统的色彩是具有典型的民族性的，深受其地域性、文化的影响。每一个民族有不同的文化习俗、生活习性，所以对于颜色的感知也大不相同。在色彩的不断使用过程中，他们不断地扩充自己的理论，给予不同色彩以不同的意义，使其有自己民族的独特性。比如，回族的色彩就具有地域性和东方的色彩特点，他们有自己的"三原色"：绿白黑，结合蓝黄红便是自己的色彩体系，在他们的服装、建筑方面都能体现出这一特点。

第三，"程式化"也是传统色彩的特征。在历史长河中，人们对于不同的色彩有了一定的定向，有着固定的审美感受。比如，黄色是权威的象征，是土地的象征；红色是成功进步的象征。人们早已经把这种象征固定化了，虽然颜色的意义在不断发展，但是人们的心理是相对稳定的，所以色彩的意义也是趋于稳定的。

全球化不断发展，各个国家之间的联系越来越紧密，中国的传统文化与其他国家的文化相互交融，不断碰撞。现代设计已不仅是一种单纯的市场行为，在很大程度上，现代设计成了一种积极的文化行为和美学行为，在设计的交流传递过程中，也形成了作品的文化性主张。传统的色彩能够体现中国的古老文化，也是我国设计逐步国际化的一个标志。我们不能只学习西方的特色、形式、文化或者故步自封，只是坚守传统，这些都不能促进我国设计的不断前进。

所以，现代的设计，我们不仅要不断地挖掘那些优秀的传统色彩文化，还要不断吸收借鉴西方的新理念，不断寻找互相交融碰撞的部分，让国外的先进理念与传统文化相互融合，形成具有时代特色的新的设计文化。例如，设计师谭玉燕在上海时装周上的作品，便受到我国水墨画的影响。服装只用黑白两种简单的颜色，而且有鲜明的民族特征，更是不缺乏现代的时尚。传统作为它的灵感，国外的理念则提供了走向国际的交流。在二者的结合下，使得这件衣服得到了国际上的认可，推动了中国设计的发展。

（三）传统材质应用的延续与创新

中国传统设计道法自然、师法自然，很多传统设计的材质往往取材自然，用法自然，主要包括棉麻竹藤、石材、土、木材、陶瓷、金属等。这些材质在加工与使用的过程中，也尽量按照材料本身的特性进一步加以利用。比如，以明清家具为典型代表的中国木质家具，在各部分零件的连接结构、固定结构甚至活动结构中，均未使用到金属，而是发明了中国特有的榫卯结构。在《不只中国木建筑》

一书中，介绍了各类常见中国木质结构的特点与原理。金属铆钉在家具中的使用，时间一久，容易生锈，铁如此，铜亦如此，其他传统金属的强度在中国古代的工艺中又难以实现。金属生锈除去影响家具美观外，还容易引起木质家具的损坏，因此先人们创造性地"以木治木"，木质家具的制作全程无金属，反而大大提高了产品的使用寿命。这就是先人们师法自然、道法自然的设计典范。

在现代中式风格的家具设计中，对传统家具材料进行创新应用。在创新的家具的设计技巧上面，因为有不一样的装饰造型，所以家具便形成了不同的特色。但是不管是装饰还是造型都深深受到了它的材料的影响，所以家具的风格的是什么样子的，是受材料影响的。我国大部分的传统家具都是用红木等一些硬木头为材料，所以大部分中国风格的家具都被叫作红木家具。家具的创新一般都是在设计上的，不同的装饰形状，有了不同的特点，它们都受到了材料的影响。但是时代和科技水平都在不断发展，新型的家具不但是单一的材料，还加上了人工的合成材料，或者是不同时期的材料相互混合的材料，来使家具的装饰、造型都有了新的突破。例如，设计师在设计新中式风格座椅的时候，运用当代流行的皮质材料替代了椅面和椅背处的木材，使得木材和皮材相得益彰，不仅蕴含着中国传统文化的精髓，也展现了现代风格的独特特征，除此之外，还有效提升了使用过程中的舒适度。

第五节 传统文化创意产品设计的实际案例

1925年，故宫博物院建成了，这座综合性国家级博物馆建立在明、清两朝皇宫的基础上，是世界上保存最完整、规模最大的古代砖木结构宫殿建筑群。1987年，故宫博物院被列入《世界文化遗产名录》，同时也是第一批全国重点文物保护单位。

故宫博物院，作为明清紫禁城建筑群和宫廷史迹的重点保护管理机构，也是收藏、展示以及研究的机构，其中，以明清皇室旧藏文物为基础，地位和重要性不可替代。故宫博物院文物藏品品类繁多，分为25大类和69小项，共计180余万件。

故宫博物院目前常设有陶瓷馆、书画馆、古建馆、钟表馆、珍宝馆、雕塑馆、青铜器馆和戏曲馆等文物专馆，以及太和殿、乾清宫、寿康宫等原状陈列，并不断推出各类专题文物展览。近年来，步入信息化时代的故宫博物院利用最先进的数字化技术和设备，建设了端门数字馆并开发了多种数字化应用，让广大观众可以更完整地了解紫禁城所蕴含的博大精深的中华民族智慧和文化精神。

下面，以故宫博物院为案例，讲述其中著名的文创产品。

（1）"神骏"系列

通过提取故宫博物院藏《人马图》《乾隆皇帝大阅图轴》《弘历射猎图像轴》中的骏马形象元素，研发的领带和水果叉系列文创产品，不仅骏马造型生动，更保留了原画作的精气神韵。将丝绸、陶瓷等传统工艺与现代纺织和合金技术相结合，使产品兼具艺术性和实用性。

（2）"宫门箱包"系列

"宫门箱包"设计方案曾荣获"紫禁城杯"故宫文化产品创意设计大赛铜奖。该产品以故宫博物院宫门为参照，提取宫门门钉、金铺首作为设计元素，采用超级纤维皮革材质，以"故宫红"为主色，金属装饰配件"金铺首"系单独开模制作。"宫门箱包"系列包括"故宫门钉双肩包""故宫门钉拉杆箱"两款产品"故宫门钉双肩包"采用肩带减压设计，内设电脑隔层，功能性较强。

（3）"瑞兽"系列

太和殿屋脊的走兽，又称小兽，为屋顶檐角所用的装饰物。其排列顺序为仙人、龙、凤、狮子、天马、海马、狎鱼、狻猊、獬豸、斗牛、行什，多为有象征意义传说中的异兽，象征殿宇威严、消灾灭祸、逢凶化吉、剪除邪恶、主持公道。除了期盼风调雨顺、国泰民安之意，又有防止脊瓦下滑的作用。通过提取这一元素，故宫博物院陆续研发了瑞兽铅笔、瑞兽跳棋等富含知识性、趣味性和实用性的文创产品。

（4）"德化瓷"系列

根据故宫博物院院藏的"石叟"款观音坐像、德化窑白釉达摩像和德化窑白釉观音坐像，陆续研发了德化瓷"书箱观音"、德化瓷"达摩"像和德化瓷"观音"坐像三款产品。该系列产品采用上等高岭土制作，模具成型，手工修胎烧造而成，完美呈现出德化瓷莹白细腻、温润如玉的特色。德化瓷"溪茗"壶产品原型，来自故宫博物院收藏的御用茶壶藏品。其壶身呈"八"字造型，曲线柔和流畅，造型浑厚朴拙。壶把呈倒三角形，与壶身之型互补，平压盖，桥钮，充分体现出秀巧精工的特点。该产品采用德化上等高岭土制作，壶身光素，手工修胎烧造，经1200摄氏度高温烧制而成。

第六章 文化创意产品设计的发展趋势

　　随着科技的进步，社会的发展，文化创意产品设计也要适应社会的发展趋势。本章内容为文化创意产品设计的发展趋势，从两个方面展开叙述，分别是新元素、新技术的应用，以及文化创意产品设计的产业化发展策略。

第一节 新元素、新技术的应用

随着时间的推移，社会的发展，现在社会上出现了很多新元素、新技术，下面我们以博物馆文化创意产品设计为例，讲解这些新元素、新技术的应用。

一、3D 打印技术的应用

（一）体验多元化

为了让参观者更加多元化的体验，传统的博物馆文物参观大都采用隔着玻璃观看的方式，原因是博物馆文物都是非常珍贵的，通常都被安置在特定的玻璃罩之内供参观者欣赏。现在的博物馆不再只是展示展品，而是让参观者通过自己动手去感受和了解这些东西，这样就能够使观众更加直观地体会其中的意义，也有利于促进博物馆文化的传播。消费者可以在手握 3D 打印产品的同时，享受文物所带来的更多感官体验和抚摸乐趣。

众所周知，开模生产是传统的生产方式，需要大型生产线作为支撑，我国东部地区的基础条件明显优于西部，并且开模工艺制作的难度也相对较大，成本不低。3D 打印产品具有高度的灵活性和适应性，不受时间与地点的限制，只需一台计算机与一台 3D 打印机，即可满足生产需求。此外，可根据需求定制化，个性化设计要求高，因此，可以实现大批量生产，从而节省大量人力资源，提高经济效益。采用 3D 打印技术，简单来说就是增材制造方式，能先制作小批量样品让消费者按照自身的需求挑选，从而实现原材料的最小化，降低能源消耗，节约一定的人力、物力和生产成本。

对于产品的造型问题，设计师在绘制效果图时需要注意到，传统的制作方式可能会导致产品无法达到预期的效果，从而引发尴尬的局面，利用 3D 打印技术，能够呈现出跑车、灯具等外观形态异常复杂的产品。

（二）将博物馆文物"带回家"

随着我国经济的蓬勃发展，人们对精神文化的需求日益增长，在节假日，前往博物馆参观展览已经成为一种社会趋势,许多参观者在参观完毕后,都会产生将藏品"带回家"的强烈愿望。如果博物馆或参观者通过3D打印技术,把文物转化为一个立体的三维模型,那么,这个服务将会为参观者带来更多不一样的全新视觉体验,最大限度地发挥博物馆在社会中的功能。

(三)材质多元化

在博物馆文化创意产品的设计过程中,材质的选择是一个至关重要的环节,因为不同的材质选择,除了会呈现出不同的设计效果,也会为消费者带来不同的触觉体验。博物馆文化创意产品设计应该以藏品为载体,从使用者角度出发,将情感和思想传递出来,满足人们对于物质需求与精神诉求之间的平衡,使之能够真正成为人们生活的一部分。博物馆所珍藏的文物,皆为历史长河中流传下来的珍品,制作工艺之复杂与难度,使得传统制作工艺难以真正实现完美复制,因此,如何通过科技手段将其呈现出来,成了当下研究的重点课题之一。利用3D打印技术,能够采用多种不同的原材料来制作文物,不同的文物能选择完全不相同的材料,以表达其内在的独有精神和气质。

(四)激发参观者的学习兴趣

在教育体验活动当中借助3D打印技术,家长与孩子可以共同拼装出相应的文物模型,这一过程不仅增强了双方之间的情感纽带,同时,为孩子们提供了更加丰富的学习体验,培养他们对历史文化知识学习的兴趣,提高自身综合素养。值得一提的是,博物馆文物模型的设计,需要运用一系列富有创意的方法,如个性化与沉浸式的文物设计等,以便让消费者深刻感受到文化的普遍性与存在感,从而引发情感上的共鸣,不断增强民族的自豪感和自信心。

在新的时代,产品设计需要采用全新的方法和策略。随着人们生活水平的不断提高,越来越多人开始关注博物馆的文化价值。在当今社会,私人订制已经成为一种流行的趋势,在博物馆文化创意产品的设计和制作过程中,灵活运用3D打印技术,将会为消费者带来全新的感官体验与感受。对于博物馆文化创意产品的设计师和相关人员而言,如何运用最新的3D打印等技术,创造出更具创新性的文化创意产品,是一项需要深思熟虑的课题。通过引入3D打印技术等前沿技术，博物馆文化创意产品的设计开发将更具吸引力，从而让博物馆文物历史文化真正深入人民群众的心中。

二、互联网思维的应用

互联网从无到有，从弱到强，从单个领域到社会的方方面面，人们的生活方式被这张"网"所改变，社会运行模式因为它的存在而不断优化。那么，驱使互联网不断变革而产生深远影响的核心动力是什么？是互联网思维，思维影响行动，行动影响结果。

（一）互联网思维

所谓的互联网思维主要指的是随着移动互联网、大数据等科技的持续发展，重新审视产品、用户等多个方面的思维方式。本节借助互联网思维的用户思维、大数据思维、平台思维以及跨界思维，对博物馆的文创工作进行深度改良，以达到优化产品和运营模式的目的。

1. 用户思维

一切产品和服务均以用户的思维和使用习惯进行设计开发，是用户思维的核心。通过与用户的大量接触，全方位获取用户使用习惯和反馈，站在用户的角度去考量产品，注重用户体验，在此基础上用更加人性化的方式实现产品畅销。

2. 运用大数据思维的方法

大数据思维可分为三个维度，分别是定量思维、相关思维，以及实验思维。其中，定量思维以获取更为详尽的描述信息为主；相关思维是一切都可连接起来，消费者行为的不同数据都有内在联系；实验思维是可以尝试各种不同的方法，利用大数据所提供的信息来制定科学的策略。

3. 平台思维

平台思维的核心是通过汇集各类元素构建生态圈，以线连接成面，以开放的心态，共赢的方式，发挥各方所长，实现优势资源的聚合，从而发挥巨大的能量。

4. 跨界思维

随着互联网商业活动不断对人们生活的影响，产业的边界不再完全明确，很多行业应用"互联网+"的概念，实现了传统业务的优化，发展得更加迅猛。跨界思维应运而生，它是一种突破了传统观念和模式，以其他行业的规则和理念，通过创新，对传统行业实现变革的思维方式。

（二）互联网思维在博物馆文化创意产品中的应用方法

互联网思维已经在各行各业应用，如应用在交通领域，出现滴滴打车，方便人们出行；在支付领域，出现了二维码付款，省去携带现金的麻烦等。传统行业通过互联网思维的优化，实现了业务的提升，便利大众的同时，实现了自身的发展。

1. 用户思维帮助博物馆管理者改变传统观念

互联网思维在博物馆文创中的应用，首先是改变博物馆人的思想观念，不是静待游客，而是通过不断的自我优化，以游客体验为中心，进行全面的业务梳理，从原本的坚持以物为本，转变为以人为本的理念，所有开发的文化创意产品要以实用性和趣味性为前提，结合藏品的文化元素，以游客喜闻乐见的形式进行工艺化设计开发，以接地气的形式进行展现营销，主动融入游客中，让游客有互动感、参与感与深入的体验感，这才有可能做出与游客需求相符合的文化创意产品。

2. 大数据思维让文创工作者全面掌握游客消费动态

博物馆文创的大数据分为两类：一类是线上数据，另一类是线下数据。线上数据通过编程开发，可以获得极度精细的数据信息，每条信息都有数据跟踪，这样的数据便于文创人员知晓产品的消费动态，及时进行产品的更新。线下数据收集相对线上麻烦，可以通过采用二维码等硬件设备进行库存盘点，通过一定周期的销量，进行数据分析，依旧能够知晓当前阶段具体文化创意产品的销量，根据数据同步进行产品调整，实现库存的灵活处理，销量好的及时补货，销量差的采取营销活动打折处理，可以最大限度地减少囤货现象的发生。

3. 平台思维是博物馆文创实现专人做专事的保障

平台化的思维在文创工作的应用就是以博物馆为平台核心，通过合作或授权模式实现各自优势资源的发挥，让专业的设计公司做设计、电商公司做线上运营，让生产商制作质量过硬的产品，通过优势互补，专业人员做专业事，博物馆的文创人员做好相应工作的监督和审议工作，同时，这也是一个高难度的工作，需要博物馆的文创员工具备良好的平台思维、审美、市场判断的综合能力。

4.跨界思维让博物馆文创工作做大做强

IP 是一种宝贵的资源，而博物馆作为征集、收藏、陈列和研究代表人类文化遗产实物的场所，有着得天独厚的优势——任何一个有特点的藏品、人物、品牌形象均有极高的历史文化意义和 IP 价值。通过强强联合的方式，将品牌双方的固有粉丝进行融合，实现品牌影响力的互相渗透，实现产品销售最大化。博物馆跨界是博物馆扩大影响力和做大做强的必由之路，要在原产品的基础上实现做工创新和彼此文化的融合，这样才能最大限度地体现跨界的展示效果，跨界时需要结合彼此情况，制定长期、共赢的合作条款，跨界不是一次单纯的产品售卖，而是以此为契机，建立长效的合作机制，共同长期的实现品牌共生。

互联网思维随着 5G 技术的普及可能会有一定的变动，但是其开放、平等、协作、分享的精神不会发生变化，唯有深刻理解和应用互联网思维，才能够在博物馆文化创意产品遍地开花的当下，开发出有特色、有温度、有故事的产品并走出符合自己馆情的运营之路。

三、语义学的应用

博物馆文化创意产品是以博物馆馆藏（或展览）和文化为元素，通过设计开发的具有文化性与创意性的产品。现阶段，博物馆文化创意产品作为博物馆文化的重要衍生品之一，受到越来越多的关注，而一些问题也随之暴露。

要在设计中转变设计思维，使博物馆文化创意产品根植于中华文化，实现创新性发展。

（一）语义学在博物馆文化创意产品中的应用

1.语义学的概念

语义学是符号学的重要组成部分，最早由美国符号学家莫里斯提出，他将符号学明确分为语构学、语义学和语用学这三部分。在博物馆文化创意产品设计中，语义学实际上是研究设计符号与其象征意义之间的关系。根据索绪尔的二元关系论，就博物馆文化创意产品来说，其"能指"代表的是文化创意产品形式，主要为产品的造型、功能结构、材料肌理等物理存在；而"所指"则是文化创意产品的隐性内容，包括产品风格、产品的美学意义、产品功能、社会意识以及科学水平等，它所传达的是设计师对设计文化创意产品背后的博物馆文化、思想与价值观的表达。文化创意产品符号是借由能指与所指的关系来揭示博物馆文化创意产品的意义。

2. 语义学在博物馆文化创意产品设计中的重要性

博物馆的文化创意产品是以馆藏文化为基础，通过精心设计的展示方式，将博物馆所蕴含的文化元素更好地呈现给受众，从而展现出其独特的魅力，吸引更多的游客。博物馆在发展过程中不断探索和创新文化创意产品的形式、内容及功能等，从而满足大众精神需求和审美需要。文化创意产品的设计与开发，离不开对博物馆代表性文化符号的深入挖掘，而如何将传统文化符号或内容转化为现代的产品，为受众所喜爱，就需要设计师在对博物馆文化进行深入研究的基础上，通过一定的载体和文化符号实现博物馆文化资源的物化。在语义学指导下的博物馆文化创意产品设计，是从"能指"与"所指"这两个方面对文化创意产品与博物馆文化进行匹配，通过让文化创意产品"说话"，从而传达其深层意义。在文化创意产品设计中，结合语义学的主要目的是将文化符号作为博物馆文化的具象化的手段，利用语义学的形式与文化创意产品的功能语境，使用语境相配合，使文化符号与文化创意产品相得益彰。

（二）故宫博物院文化创意产品语义学特征解析

关于语义学研究符号能指与所指的关系问题，在博物馆文化创意产品中，能指可视为产品的形式，所指可视为产品的内容。换言之，人们通过感觉器官来体验博物馆文化创意产品所反映的特征，继而通过对表现特征的认识来理解文化创意产品的内容。在皮尔斯的理论中，按能指与所指的关系，可以将符号分为图像符号、指示符号与象征符号三类，对于博物馆文化创意产品来说，它们具有不同的意义和特征。

1. 图像符号

所谓的图像符号主要指的是博物馆文化创意产品的形式与表达内容，两者之间呈现出一种形象上的相似性，这种相似性大多源于对已有意义事物的借用，从而表达出文化创意产品的真正意义。文化创意产品是以视觉为核心传播信息的载体，图像作为最直观的传达媒介，在其中发挥着重要作用。在故宫博物院的文化创意产品中，部分作品的装饰图像与结构形式，主要借助对馆藏文物或者历史人物形象的一系列加工处理，最终实现对文化创意产品形态的塑造和提升，这种运用方式既能体现出藏品本身所蕴含的艺术价值，又使其成为一种视觉传达元素被大众熟知。例如，"太平有象"书签是故宫文化创意产品中的一款，它设计灵感主要来自故宫博物院院藏的清代珐琅太平有象，以其独特的雕刻造型吸引了设计师的目光，设计师选取珐琅器中宝瓶以及"太平有象"的吉祥形象进行几何抽象，使精密繁复的珐琅彩被简化为色彩斑斓的几何纹样，在满足产品功能的同时传承了博物馆文化。

图像符号作为博物馆文化创意产品内容意指的主要方式，在故宫文创中得到广泛应用，这类文化符号是基于对形态之美、视觉效果的综合考虑，灵活运用图像纹样以及复合体，充分表达文化创意产品之内涵和意义。

2. 指示符号

博物馆文化创意产品的形式和意义，两者之间存在着实质性、因果、空间以及逻辑上的紧密联系，这些联系被称为指示符号。在文化创意产业中，指示符号的设计和使用非常重要，因为它能使文化创意产品更具有吸引力。指示符号是故宫文化创意产品中最基础的符号，也是设计师表达设计手法的重要展示元素。例如，故宫博物院出版社推出的《故宫日历》以生肖图案为主题，融入了文物赏析设计，将各个日期、节气有机地串联起来，成为其最具代表性的作品之一，强化了其时间性指示功能，体现了现实与历史的传承与演变，具有造型新颖、功能丰富的特点。另外，故宫博物院善用文字性指示符号，将文字书写在文化创意产品外观醒目的位置上，以诙谐幽默的方式意指文化创意产品的功能特点。

3. 象征符号

象征符号指博物馆文化创意产品形式和意义之间并无直接联系，并非凭借惯常的认知模式，而是通过特定的理解方式，引发某种概念的联想，从而产生抽象或隐喻的象征意义。象征符号与博物馆文化创意产品相结合，可以形成一种新的设计语言，也可以成为文化创意产品设计的切入点和灵感来源。通过在博物馆文化创意产品中巧妙地运用象征符号，文化创意产品的内涵得到了很大程度的丰富，从而使其不再仅是一种工业产品，而是会蕴含着深刻的文化内涵。

（1）产品的外观设计所蕴含的象征意义，具有强烈的象征性和联想性

这一类的象征属于抽象概念，指的是通过某种能够直观或想象的图像，进一步表达或者暗示一些比较难以捉摸的含义。在故宫博物院的文化创意产品设计的过程当中，蕴含着无限的创意，产生造型借助于对博物院建筑、院藏等进行抽象、简化来表现故宫以及中国传统文化的意义。例如，"事事如意"茶具的造型源于故宫院藏文物《岁朝佳兆图》中的柿子形象，整套茶具饱满润泽，在壶盖处特地采用了柿蒂的造型，融入"事事如意，时时称心"的寓意，将福佑从宫廷向外自由延伸。

（2）色彩所蕴含的象征意义

色彩所传达出的情感信息，能够使人们获得精神上的慰藉和愉悦，因此，它成为现代设计师们视觉设计时不可缺少的元素。色彩在中国传统文化中是文学艺术、礼仪宗教等多方面的映射，更是中华优秀传统文化的精髓所在，凝聚着中华文明的智慧。故宫博物院的文化创意产品在色彩设计上精益求精，巧妙地运用了中国传统色彩美学理论，以表达文化创意产品蕴含的思想，既满足使用功能，又满足了社会和文化的不同"隐形"需求。

（三）基于语义学的博物馆文化创意产品设计

博物馆所创造的文化创意产品，是文化的源泉，更是文化的象征，同时也是人们"带回家的珍贵博物馆"。因此，设计一款符合大众审美要求和心理需求的博物馆文化创意产品，对促进我国博物馆事业发展具有重要意义。在以语义学为指导的前提下，进行博物馆文化创意产品的设计，提取博物馆文化符号并将其编码与产品语义的能指和所指相匹配的过程。在这个过程中，应该结合语境将博物馆传统文化符号或内容转化为当代人所能接受和喜爱的产品，这样才能更好地体现文化创意产品的价值。

1. 提取博物馆标识性符号

博物馆作为中华传统文化的资源宝库，具有丰富性和独特性的特点，给予了文化创意产品丰厚的灵感来源。如何挖掘博物馆极具代表性的符号，是文化创意产品设计开发的基础。博物馆是以地域文化为背景，依托遗址以及馆藏而建立，因此博物馆明星馆藏以及建筑都可以成为其文化创意产品设计的标识性符号，如卢浮宫博物院利用其明星馆藏《蒙娜丽莎》开发了一系列的文化创意产品以及专

题导览手册，使其深入人心。博物馆文化创意产品对博物馆的标识性符号进行强化与传播，明确了文化创意产品定位与自身特点，可以更好地将产品语义传达给受众。

2. 提取博物馆符号的"所指"

中华文明源远流长，图形和色彩的符号，皆蕴含着独特的文化内涵。因此，对博物馆符号的提取，不能简单地理解为是对某个纹样或图案的提取与复制，而是对文化元素进行综合设计。

中国传统文化具有极为丰富的符号学内涵，因此，根植于这种文化背景中的中国符号学研究，从起步就显示出与众不同的勃勃生机。在我国博物馆文化创意产品的设计过程中，更应充分考虑其背后所蕴含中华文化元素，结合图像符号、指示符号和象征符号，使文化创意产品的语义得到充分表现。

3. 提取不同语境的符号

符号所传达的意义因语境、符号主体的差异有所不同，因此，博物馆文化创意产品的设计，必须综合考虑产品的使用语境和功能语境，以确保产品语义的准确表达。对于博物馆而言，合理运用语义学的原则，将自身历史文化资源，成功转化为具有现代性的文化创意产品，调和与衔接传统与现代之间的冲突、矛盾，是一项至关重要的任务。除此之外，也可以借助符号化手段丰富文化创意产品的视觉形象和内涵，使其在传递特定文化信息时具有更强的亲和力。以大英博物为例，它所推出的小黄鸭系列文化创意产品，巧妙地融合了博物馆文化元素和现代受众的记忆点，一方面满足了文化创意产品的语义功能，另一方面也为博物馆的文创注入了全新的活力和动力。

我国博物馆在文化创意产品方面虽然取得了一定的进展，但是在产品特色、品质等方面，仍有待进一步提升。基于符号论视角下，可以从"物"和"意"两个层面来研究博物馆文化创意产品设计问题。通过运用语义学，将博物馆文化创意产品设计，转化为具有标识性的文化符号，设计时从能指和所指两个方面入手，把文化资源转化为具体的实物产品，为博物馆文化创意产品的持续开发提供更加科学、合理的策略和方法。除此之外，博物馆的文化传承与推广不仅能够发挥其教育功能和宣传功能，还能够为新时代的文化价值注入新的活力，真正实现时代价值和意义。

第二节 文化创意产品设计的产业化发展策略

创意蕴藏于一切文化和经济活动中。创意是社会文化活动中必不可少的一部分，缺少创意，便缺乏应有的生命力和价值内涵。在现代经济活动中，美学设计已经融入社会各行各业中，建筑设计、工业设计讲究美感，商标设计、企业形象设计需要凸显主题特色、富有质感。在不断创新的环境下，创意产业几乎融入所有产业领域中，随着社会对创意的重视，以及其自身价值的体现，创意逐渐脱离其他产业，实现产业化。

1. 需求升级

随着时代的发展和科技的进步，我们已经完全处于信息科技时代，在当代以高科技为主的社会中，人们追求温饱与安全的同时，更迫切地追求人生的意义，追求更高、更深、更遥远的境界。创意产业可以提供丰富的文化产品，来满足人们日益增多、日益迫切的文化需求和精神需求。[①] 文化消费是创意消费的主要市场，主要体现在两个方面：一是越来越注重文化产品的消费。随着人们基本温饱问题的解决，精神需求日益增长，因此，电影、戏剧、音乐等艺术和艺术品的消费有了广阔的市场基础；二是人们对于所需产品品质的要求逐渐提高，已经不再满足于基本的功能需求，而更多看重附加价值，追求新颖和独特。产品提供者不得不对产品持续创新，来吸引更多的目标消费者。

2. 科技进步

科学技术为我们的生活创造了更多可能，将人们心中的奇思妙想变为现实。科技进步为文化创意产业提供了更宽广的发展空间，依托技术实现产业规模整合，激活了创意资源。创意产业的发展获得了科学技术强有力的技术支持，突出表现在网络技术对传统艺术形态的更新换代；科学技术同时也可以成为展示创意的舞台，延伸了新型创意产业的领域。科学技术的进步，革新了人们的传统观念，改变了人们的生活、生产方式，拓展了创意产业的产业链。

3. 产业转型

经济结构转型是创意产业发展的重要契机，并为其提供了良好的资金及环境条件。一方面，随着城市经济的发展，商业成本提高，同时，为满足人居环境改

---

① 厉无畏.创意改变中国[M].北京：新华出版社，2009.

善的需求，城市产业结构不断调整，以重化工业为代表的传统工业日渐衰退和陆续迁出，这为服务业提供了充分的发展空间；另一方面，城市本身的产业基础优势进一步加速了服务产业的发展，如邻近交易市场、基础设施完备、信息优势和专业人才，促使产业不断融合和分工深化，最终集聚形成新的产业，并且始终处于调整优化状态。

4. 全球化趋势

随着通信、交通、科技的高速发展，世界各国之间联系越来越紧密，不同文化背景的交流越来越频繁。全球化浪潮下，不同文化之间的交融和碰撞，为创意产生提供了有利的外部条件。放眼世界，创意产业发达的地方往往是众多文化交流汇集之地。同时，全球化趋势将世界各地连接起来，市场竞争日趋激烈，任何一种商业创新、技术创新都不足以维持长久的竞争优势，极易被其他竞争对手模仿超越。因而，保持长久竞争力的唯一选择就是不断保持创新。所以，推动创意产业的发展符合当今国际竞争的要求。

一、完善政策法律体系

首先，政府要在战略方面给予一定的支持。战略决定了一个国家未来长期的发展方向，其重要性不可忽视。文化创意产业作为综合性新兴产业之一，涵盖文化、经济等多个领域，发展策略应受到高度重视，尤其是在涉及跨度较大、附加值较高的领域。我国应以科学发展观为指导思想，借鉴国外发达国家在这方面的先进经验，从自身实际出发制定适合本国国情的文化创意产业发展战略思想与具体对策措施。在文化创意产业领域，设立专门机构，用于统一指导、实施与推进相关工作，重点研究和探索文化创意产业的基础理论与实践。同时，也要加强与其他行业领域以及国外同行业的联系与交流，提高我国文化产业的整体水平。政府要设立一个专门的文化研究机构，协助与制定国家的宏观战略，为政府制定文化创意产业的发展战略与方向提供科学、正确的支持；建立一个专门针对文化产业调查研究的机构，以便在文化创意产业发展过程中及时了解和发现国内外最新信息和动态，为政策制定者提供科学依据；制订文化创意产业振兴的短期计划、中期计划与长期计划，明确短期计划和中期计划的重点任务，并提出实施方案，从而有力地促进文化创意产业的蓬勃发展。

其次，需制订相应的政策法规，以规范文化创意产业的长足发展。通过制定一系列政策措施来加大扶持力度，鼓励和引导各类企业加入文化创意产业中去，使企业更好地为社会经济发展服务。为了促进行业的发展，政府在税收、融资等方面提供了优惠和支持政策，以合理的方式降低行业准入门槛，以便吸引更多的企业积极主动地参与。除此之外，制定专门的法律法规来规范行业秩序，使其健康发展。就文化创意产业而言，网络、软件、动画等不同领域均应获得有针对性的法律保护。

再次，完善知识产权制度。文化创意产业在某种程度上可称为内容产业，必须有良好的知识保护环境。高新技术的广泛应用是文化创意产业蓬勃发展的必要条件，知识产权制度的完善则是推动技术进步的关键因素，尤其是对于智力密集型产业而言，更需要相应的知识产权制度来保障其获得长足的发展。为确保文化创意产业的可持续发展，必须采取积极措施保护企业和个人的知识产权，制定具有针对性的法律保护制度，不断加大对知识产权的保护力度，进一步明确侵权行为的惩罚方式，充分维护文化创意企业与个人的合法权益，为文化创意产业的繁荣发展提供更加合理、完善的法律与制度保障。文化创意产业的投资人可以从政府对知识产权的有效保护中获得投资回报，进而充分激发他们参与创新活动的热情，并且形成良好的文化创意氛围，使社会受益，形成一种良性循环。

二、不断拓宽融资渠道

当前，中国经济正处于转型升级的关键时期，发展文化创意产业不仅能够促进经济的可持续发展，还能够培养知识产权以及提高就业率。在国家大力倡导"大众创业、万众创新"的大背景下，文化创意产业迎来了巨大机遇。在我国文化创意产业的发展过程中，资金问题是一大挑战，而且最为关键的是，资金的注入实际上是推动文化创意产业快速发展的至关重要步骤。

不管是日本、韩国，还是英国，它们都设有文化创意产业的专项基金，这对于文化创意产业的培育和发展起到了至关重要的作用。因此，需要借鉴其经验，加大政府支持力度，保障文化创意产业的资金注入。比如，各级政府每年从财政预算中安排一定额度设立文化创意产业发展专项基金，或者设置行业基金，并保持创意专项基金增速不低于财政收入增速；政府也可以对文化创意产业、项目和个人实行减税、优惠等多种政策，多方面、多角度地鼓励和推动文化创意产业的发展。

现如今，单一性是我国文化创意产业投资主体的现状，单靠国家的力量难以推动其快速发展，应放宽民间资本准入条件，鼓励民间力量的参与。此外，为促进我国文化创意产业的国际化进程，政府需要转变投融资观念，降低市场准入门槛，积极推动民间与外资进入这一产业，并开拓企业投资、证券投资等多种融资渠道，最大限度地提供资金保障。同时，引进外资也是必要的一环。

三、加强与科技的融合

现代经济的蓬勃发展离不开高科技的支撑，文化创意产业的蓬勃发展也离不开高科技的推动。文化创意产业的兴起和蓬勃发展对科学技术提出了更高要求，并为文化创意产业提供了技术支撑。现如今，文化创意产业的蓬勃发展离不开文化创意和科技创新的相互渗透和深度融合，这已成为不可避免的趋势。动漫、网络游戏等行业在高科技的影响和支撑下蓬勃发展，广播电视、出版发行等传统的文化创意行业，通过科技力量获得了新的竞争优势，并且在高科技的影响下呈现出全新的形态。

随着文化与科技的融合日益加深，数字化制作加工、网络、数据库等数字技术对于文化创意产业的发展也越来越重要。除了将传统的文化创意产业与数字信息化结合以外，还要高度重视网络消费市场和网络消费习惯的培育，使中国成为世界上最大、最先进的移动支付之国。高新技术的演进与应用，一方面丰富了人类物质文明与社会文化的内涵、形态，促进了大众文化的快速发展；另一方面也为文化内容提供了更加多样化的表现形式与媒介，使人们获取与消费文化产品的渠道得到了相应的扩展。此外，通过网络技术、数字技术等高科技手段，不仅增强了文化产品的创作能力、感染力，还在一定程度上面提升了文化的表现力、传播力以及影响力。由于高科技产业与文化产业之间具有高度融合性，因此，它也成为一种新的文化形式和经济模式，并日益渗透进人们日常生活中的各个方面。西方先进国家所提供的高科技创意产品与文化服务，为人们带来了丰富的感官体验，同时也影响着人们生活理念的各个方面。文化创意产业成为世界经济新的增长点，借助科技的力量，文化创意产品开始在全球范围内广泛传播。随着信息技术的飞速发展，文化创意产业已成为全球经济中最具活力和竞争力的新兴产业之一。每一个文化创意行业，从产品的生产到产品的传播和消费，每一个环节都紧密依赖于技术的创新与应用。博物馆、纪念馆等虽然承载了历史和记忆，但是由于其展现形式多为文字和图案，难免乏味。近年来，很多博物馆和纪念馆都开始运用3D技术，再现历史情境和名人生平，不仅增加了生动性，而且也让游客有身临其境之感。这既可以吸引游客参观，增加旅游收入，也可扩大我国的文化影响力。

四、重视加大人才支撑

文化创意产业的发展高度依赖城市的环境和氛围，好的城市文化氛围对于文化创意产业发展的影响不容小觑。城市的文化创意氛围浓厚，其吸引的文化创意人才也相对较多，而文化创意人才越多，集聚效应和竞争效应也越强，城市的文化创意氛围也愈加浓厚。富有创造力的人才通常具有高度的流动性，他们更倾向于选择那些充满多样性、相对开放以及包容的城市。因此，很多国家都有许多适合创意人士居住的城市，其中不乏一些经济发达的大城市。这些城市能够容忍不同思维、接受新的创意、吸纳各具特色的文化、包容风格迥异的生活方式，符合创意阶层所追求的3T原则，即Technology——技术、Talents——人才、Tolerance——宽容。[①] 美国文化创意产业的繁荣离不开海纳百川的特质和多元文化的相互交融。以纽约为例，它作为一个国际化的大都市，不同肤色、不同语言和各种文化在纽约相互交流、互动和碰撞，逐渐孕育出先进的文化创意产业。政府能够改善和优化城市基础设施，将更多艺术与设计元素融入公共环境之中，营造良好的城市文化氛围和自由宽松的社会文化环境，不断提升人们在生活方面的品质，为吸引更多杰出的创意人才提供合适的条件。同时，还可以根据每个城市的特色，定期举办一些节庆活动或者艺术活动，强化城市的文化氛围，还可以不定期举办一些文化创意论坛，促进创意人才的交流，从而为文化创意产业的健康可持续发展奠定坚实的基础。

创意人才的引进和培养是文化创意产业发展的重要环节。中国是一个人口大国，有丰富的人力资源基础，我们应该借鉴国外的成功经验，优化人才培养，形

---

① 李淑芳. 英国文化创意产业发展模式及启示 [J]. 当代传播，2010（6）：74-76.

成良好的人才培养机制。首先，要加强高校与企业的合作，注重产学研相结合；其次，对从业人员进行创意培训，选派人员出国研修，加快培养具有国际化水准的文化创意人才，不仅有利于人员提升自身的能力，而且能够更好地为企业和社会服务，并且有助于增强国际竞争力；最后，积极吸引各国优秀的文化创意人才加盟到我国的文化创意产业中来，增加我国文化的兼容性与多样性，体现文化的多方融合性。不同文化背景下的创意人才经过碰撞、交流，不仅会促进文化交流，还会生出更多的创意，从而有助于文化创意产业的快速发展。

五、大力拓展海外渠道

在全球经济一体化的浪潮中，文化创意产业的蓬勃发展已成为各国战略中不可或缺的一环。目前，许多先进国家已经认识到文化创意产业对国家经济发展和产业结构转型的至关重要性，所以，越来越重视和强调文化创意产业的发展，表现出以更卓越的创意和更高的国家标准为前提，以提升国家经济和文化区域竞争力为目标，推进文化创意产业全面发展的趋势。目前，我国正处于工业化与信息化相融合的新阶段，文化创意产业将成为引领社会潮流的新兴产业，它是国家经济增长的重要推动力，更是弘扬和扩大国家历史文化、文化影响力和辐射力，以及提升国际竞争力的重要引擎。同时，由于文化创意产业与其他领域相比有其自身独特优势，所以，也成为许多发展中国家竞相追赶的对象。也正是因为如此，文化创意产业的强国在推进文化创意产业的发展过程中，先后提出了国际化战略，以最大限度地发挥国家实力，积极开拓国际市场。例如，日本成立了内容产品海外促进机构，致力于支持文化产业在海外市场的一系列拓展与维权行动；在美国文化创意产业的蓬勃发展过程中，政府凭借经济实力，文化影响力和渗透力，国际市场的话语权，积极推动美国文化创意产品与服务的出口贸易。

为促进文化创意产业的繁荣发展，需要建立一个完整的产业体系和良好的发展环境，积极探索具有全球影响力的元素，用于满足消费者的不同需求。此外，还需要利用民间团体，在海外设立中国文化研究与推广机构，通过不同的方式，推动文化的广泛传播。同时，充分利用国家政策，加大对国内文化创意产业的扶持力度，只有当我国的文化创意产业在全球范围内获得认可，才能在国际竞争中将优势充分发挥出来。因此，应利用各种机会，大力推进国内文化创意产业的国际化进程，使文化创意产业成为国民经济新增长点。为了实现此目标，需要积极支持和鼓励产品走国际化之路，开展与国外相关企业的友好合作，独立自主开发文化创意产品，学习和了解各种先进的产品开发和运营理念，同时加强国际合作，利用国外相关企业的平台开展营销推广，占领国际市场，从而逐渐走向合作、消化吸收以及自主发展的国际化文化创意产业发展的道路。

参考文献

[1] 程传超，周卫．图书馆文化创意产品开发研究[M]．长春：吉林人民出版社，2020．

[2] 孙楠．文化软实力视阈下的创意产品[M]．长春：东北师范大学出版社，2018．

[3] 高晋．多元文化语境下产品设计的创意表达[M]．北京：北京工业大学出版社，2018．

[4] 白远．文化创意产业发展比较研究理论与产品的国际贸易[M]．北京：中国金融出版社，2009．

[5] 周策．文化创意产品解读[M]．北京：新华出版社，2019．

[6] 孙丽君，李军红，李海燕．文化创意产品开发[M]．北京：北京师范大学出版社（集团）有限公司，2019．

[7] 周策．新"手艺"的探索与实践：传统手工艺与现代文化创意产品融合发展研究[M]．北京：新华出版社，2021．

[8] 杨闶文，侯百川．"文化创意+"动漫游戏融合发展[M]．北京：知识产权出版社，2019．

[9] 李柏文．"文化创意+"旅游业融合发展[M]．北京：知识产权出版社，2019．

[10] 田亚莲．民族文化与设计创意[M]．成都：西南交通大学出版社，2020．

[11] 王济廷，易忠．中国传统文化元素在现代文创产品包装中的应用[J]．黑河学院学报，2022，13（5）：186-188．

[12] 郑丹彦．浅谈红色文创产品设计问题与策略探究[J]．文化产业，2022（31）：144-146．

[13] 赵崇豪，张相森．地域文化元素在文创产品设计中的应用研究[J]．绥化学院学报，2022，42（11）：87-88．

[14] 赵雅鹏．传统文化元素在文创产品包装设计中的应用[J]．绿色包装，2022（5）：64-67．

[15] 杜彩霞，潘鹏羽，李佳璇.国潮艺术背景下传统文化在服饰文创产品中的应用研究[J].西部皮革，2022，44（9）：121-123.

[16] 田丹.旅游文创产品设计的创意思路与实践路径[J].包装工程，2022，43（20）：366-372.

[17] 许海燕.基于民间美术的文创产品设计创新研究[J].大众文艺，2022（19）：44-46.

[18] 刘彬.浅析传统文化元素在文创产品中的应用与发展[J].陶瓷研究，2021，36（3）：66-68.

[19] 赵晨曦.传统文化元素在文创产品设计中的实践探析[J].轻纺工业与技术，2021，50（5）：47-48.

[20] 王娴雅.传统文化元素融入文创产品设计课程研究[J].文化创新比较研究，2021，5（8）：131-133.

[21] 郝静晶.红色主题文创设计研究[D].保定：河北农业大学，2022.

[22] 胡炀.延安红色文创产品的时代性设计研究[D].延安：延安大学，2022.

[23] 王兆强.AR技术背景下山东龙山文化的文创产品设计研究[D].青岛：青岛理工大学，2022.

[24] 袁怀宇.文创产品设计的国潮视觉研究[D].成都：西华大学，2022.

[25] 曹继莎.故宫文化品牌IP化与文创产品呈现研究[D].石家庄：河北师范大学，2022.

[26] 卞婉宁.京剧文化在国潮文创产品中的创新应用研究[D].长春：吉林艺术学院，2022.

[27] 陈岳.文创产品的地域性研究[D].长春：吉林艺术学院，2021.

[28] 宋贞贞.面向文创产品的设计因子可拓重构设计方法研究[D].西安：陕西科技大学，2021.

[29] 郑青青.消费时代中国特色文创产品的审美研究[D].昆明：云南师范大学，2020.

[30] 邢蓉.中国传统图案在文创产品中的应用研究[D].南昌：南昌大学，2019.